"三教改革"理念下职业院校医卫类专业开展现代学徒制育人模式的实践研究

王海营◎著

吉林出版集团股份有限公司
全国百佳图书出版单位

图书在版编目（CIP）数据

三教改革"理念下职业院校医卫类专业开展现代学徒制育人模式的实践研究 / 王海营著. -- 长春：吉林出版集团股份有限公司, 2022.6
ISBN 978-7-5731-1610-9

Ⅰ.①三… Ⅱ.①王… Ⅲ.①医药学—职业教育—学徒—教育制度—研究—中国 Ⅳ.①R

中国版本图书馆CIP数据核字(2022)第110962号

"三教改革"理念下职业院校医卫类专业开展现代学徒制育人模式的实践研究

"SANJIAO GAIGE" LINIAN XIA ZHIYE YUANXIAO YIWEILEI ZHUANYE KAIZHAN XIANDAI XUETUZHI YUREN MOSHI DE SHIJIAN YANJIU

著　　者	王海营
出 版 人	吴　强
责任编辑	孙　璐
开　　本	710 mm × 1000 mm　1/16
印　　张	8.25
字　　数	140千字
版　　次	2022年6月第1版
印　　次	2022年6月第1次印刷
出　　版	吉林出版集团股份有限公司
发　　行	吉林音像出版社有限责任公司
	（吉林省长春市南关区福祉大路5788号）
电　　话	0431-81629667
印　　刷	长春市华远印务有限公司

ISBN 978-7-5731-1610-9　　定　价　78.00元

如发现印装质量问题，影响阅读，请与出版社联系调换。

目 录

第一章 学徒制育人模式教学管理概述 …………………………………… 1
  第一节 学徒制模式教学管理研究背景 ……………………………… 1
  第二节 现代学徒制模式下高职院校的教学管理理论基础 ……… 23
  第三节 学徒制育人模式教学管理内涵与特征 …………………… 36
  第四节 高职院校开展现代学徒教学管理模式的意义 …………… 44

第二章 现代学徒制的发展逻辑 …………………………………………… 49
  第一节 现代学徒制的生长点 ………………………………………… 49
  第二节 现代学徒制的切入点 ………………………………………… 51
  第三节 现代学徒制的落脚点 ………………………………………… 54

第三章 现代学徒制人才培养模式 ………………………………………… 59
  第一节 现代学徒制人才培养模式的概述 …………………………… 59
  第二节 现代学徒制人才培养模式的对策和建议 ………………… 89

第四章 现代学徒制的学徒权益保护研究 ………………………………… 99
  第一节 学徒权益保障不力的现状 …………………………………… 99
  第二节 学徒权益受损的成因 ………………………………………… 103
  第三节 多维度构建学徒权益保障体系 ……………………………… 112

参考文献 ……………………………………………………………………… 127

第一章 学徒制育人模式教学管理概述

第一节 学徒制模式教学管理研究背景

现代学徒制与学徒的概念紧密相连。学徒是指以学习某一特定技能与工作为目的、在某一固定的时期为雇主工作的人。学徒一方面是指受契约或法律合同限制为某人服务一定时间，同时在师傅的管理下按当时或以前的教学方式学习某项技艺或行业的人；另一方面是指在高技能员工的指导下，通过实践经验，学习某个行业的技艺或职业的人，通常有预定的时间周期，并获得预定的工资。学徒通常有狭义与广义之分，狭义的"学徒"必须有正式的契约关系，而广义的"学徒"重视学习的过程，无论是否签订正式契约或口头协议。学徒制则是指学习一项技艺或行业的制度，学员被约定并为其学习而付出一定年限的劳动。

人类社会的劳动起源于手工劳动，而手工劳动所需技能的最大特征在于与直接生产劳动紧密联系，脱离直接的劳动过程则难以掌握。基于此，人们获得劳动技能的方式以"做中学"为主，这可以说是学徒制产生的逻辑起点。在人类社会生产劳动的不同发展阶段，学徒制有着不同的表现形式，主要分为传统学徒制和现代学徒制。

一、传统学徒制

传统学徒制有时也被称作"学徒制"或"手工学徒制"，指的是在近代学校教育出现之前，手工作坊或店铺中师徒共同劳动，徒弟在师傅指导下习得知识或技能的传艺活动。这种活动是一种高度情境性的学习方式，学徒在真实的工作场所中观察师傅的实际操作，感知和学习师傅的知识和技艺，然后在师傅的指导下进行实际操作，逐渐学会师傅的技能。

（一）国外的传统学徒制

国外的传统学徒制主要分为古代学徒制和中世纪学徒制两个时期。

1. 古代学徒制

在人类社会的早期，"做中学"这种学习形式就已经存在于生产和生活中。长辈需要以口耳相传的方式，将积累的生产生活经验向后代传授；而晚辈则通过模仿、参与等边做边学的方式，获得这些生活技能，这是学徒制的早期雏形。随着生产力的发展，手工业的分工逐渐增加且精细，一方面为了让后辈有一技之长，另一方面为了保存技艺，因而由长辈向后辈传授手工技艺的方式自然就形成了。此时，学徒制仅限于长辈将技艺传授给自己的亲生儿子，但随着生产规模的扩大，长辈逐渐向外招收学徒以解决劳动力不足的问题，于是以父子关系为基础的学徒制开始转向以契约形式为基础的师徒分工合作的生产模式发展。随着行会组织的出现，原来的学徒制职业教育不再是分散无组织的，从13世纪中期到15世纪中期，学徒制逐渐从私人性质的制度过渡到公共性质的制度。

2. 中世纪学徒制

《英国大百科全书》指出，学徒制起源于中世纪，它是手工业行会组织的一个重要组成部分。中世纪学徒制的产生和兴盛，与行会的产生与发展密切相关，在14世纪～15世纪达到全盛时期。

研究中世纪学徒制就不得不谈到行会，行会的发展对学徒制的产生有着重要的影响。行会是为了保护本行业利益而互相帮助并限制内外竞争、规定业务范围、保证经营稳定、解决业主困难而成立的一种组织。从公元9世纪起，由于商业与手工业的发展和古代村落公社的衰落，在自由城市与海滨等地，逐渐产生了一种新的联合组织——行会。其名称有兄弟会、友谊会、协会、联盟等。它从11世纪后发展起来，12世纪日渐兴盛，商人、船员、工匠、画家、教师、演员等都成立了行会。商人行会始于9世纪，到12、13世纪逐渐兴盛。手工业者起初也加入了商人行会，但后来随着手工业不断发展，手工业行会日益壮大。16世纪中叶，随着商品经济进一步发展，手工工场出现了，行会逐渐瓦解。行会的劳动组织由学徒、工匠和师傅组成，学徒在固定师傅的指导下，经过一定时间的学习，可晋升为工匠。在学习期间，学徒可以参与师傅的生产经营活动，并获得一定数额的工资。行会在这个过程中起到了积极的作用，比如，从师徒合同到学徒期限、学徒合同、劳动时间等问题都是由行会决定的，行会工作人员也定期对学徒培训情况进行监督。具体而言，行会有以下特点。

一是垄断性。例如，城市商人行会，最初每个市民都可参加，但后来却逐渐成为由寡头所把持的团体。商人行会规定，不参加此组织的人不得营业，参加者必须按指定的时间、地点和商定的价格进行交易，违反者要受到惩罚。手工业行会则对行会会员的生产条件、营业条件，招收学徒的数目、劳动时间以及产品的规格、数量、价格和使用工具等，都进行严格的规定，商品销售与原料采购亦统一办理。

二是职业性与技术性。例如，商人行会、海员行会、手工业行会等，都是个人按其职业的形式联合组成的。当然，这种区分也不是绝对的。

三是阶级性或等级性。手工业者中的工匠师傅行会、工匠行会、学徒行会，起初只是因年龄与技术的不同而成立的，后来则依据财富与权利的差别，分属于三个不同的等级。

四是地区性。例如，意大利的画家在帕多瓦、巴萨诺、特雷维索、维罗纳等城市均组织了各自独立和彼此友好的行会。每个城市的画家分属于自己的行会，各有其独特的风格与个性。

五是时间性。有长期的，也有临时的。后者可能是为了打猎、捕鱼、到远地航海贸易等特殊的目的而临时组织的，当这一目的达到后，行会便解散了。

上述五个特点不是互相孤立的，而是彼此交叉的，如临时组织的捕鱼行会，既具有职业性，又具有技术性。

同时，行会作为一个相对独立的社会单位，制定了自己的规章制度，其中相当一部分是行会的道德准则：一是保证产品质量，反对弄虚作假，这是行会的道德义务、社会责任和职业荣誉所在。二是行会成员之间平等、民主，以兄弟姐妹相称。三是互助友爱，相待如手足。四是彼此谅解，抛弃旧怨。行会成员之间虽免不了会发生争吵，但这种争吵不得演化为仇恨，要忘掉可能产生的仇恨，并且以"面包和盐"发誓，绝不以错误的精神看待这种争吵。即使有成员确实在言语或行动上侵害了别人，受害者本人和他的亲友也都不得进行报复。五是诚实守信。六是敬业乐业，保守技术秘密。以上这些道德准则，体现了行会宝贵的职业精神，使行会成员既重视集体经验、继承前辈的技术传统，又发挥个人的积极性，进行自由、自主的创造。行会的这些特征和道德准则，深刻地影响着学徒制的发展倾向。

19世纪初，随着行会的衰落和产业革命带来的生产力的提高，传统学徒制不再适应新的生产方式的需求，因而走向了衰落。而低成本、高效率的职业学校形式，逐渐取代了传统学徒制，在之后的发展中，占据着主导地位。

（二）中国的传统学徒制

在中国，学徒制也是历史悠久的。它兴起于奴隶社会，发展完善于封建社会的隋唐时期。隋唐官营手工业作坊的发展，促进了学徒制的完善，从中央到地方政府机构设有的官营手工业作坊，均采用学徒制的教育形式。诸子百家中的墨翟（墨子），木工的鼻祖鲁班和传授纺织技艺的黄道婆都是很有名的师傅。

中华人民共和国成立以来，生产现场的学徒制是培训新技工的主要方式，也是新技术工人的主要来源。至1959年，我国新技术工人有90%以上是通过这种方式培养出来的。据冶金、铁道、交通、建工、水电、煤炭、石油、化工、地质、纺织、轻工等主要产业部门和劳动部门的统计，自1949年至1959年年底，通过企业学徒培训和技工学校培训两种方式，已经培养出的和正在培养的技术工人约有844万人。学徒制是当时主要的技工人才培养方式。

学徒制的兴盛主要基于当时的计划经济体制，而计划经济体制最大的特征是流动性不强。在绝大多数情况下，一个员工进入某个企业就意味着终身是该企业的员工，人的发展与企业的发展紧密地联系在一起。同时，由企事业单位自行组织职工技能鉴定，这意味着每个企业都有着异于其他企业的技能鉴定方式，而这种鉴定方式与企业的人才培养制度（学徒制）、用人制度、工资制度紧密挂钩。就企业之间而言，各个企业对彼此的技能鉴定方式互不承认，这进一步加强了社会的计划性与固化，而正是整个社会的固化与计划性，导致了学徒制是广大民众获得社会身份、谋求一份稳定工作与进入某一职业领域的主要途径与手段。

随着经济体制的改革，我国向市场经济体制转型，这意味着社会的流动性越来越高，企业之间人才培养（学徒制）与鉴定方式互不承认的局面必须打破。社会经济体制的变革及社会化职业资格证书制度的建立，改变了以往以企业为主体、以学徒制方式培养学员并进行技能鉴定运作的基础。在此过程中，与学徒有关的政策文本逐渐淡出人们的视野，而职业院校也逐渐从附属的产业部门与企业中独立出来，成为技能型人才培养的主渠道。1995年《劳动部关于技工学校、职业（技术）学校和就业训练中心毕（结）业生实行职业技能鉴定的通知》规定：技工学校、职业（技术）学校、就业训练中心和其他职业培训实体毕（结）业生（以下简称"毕业生"），凡属技术工种的，需按照本要求实行职业技能考核鉴定和国家职业资格证书制度。这在某种程度上承认了学生可以不经过真实生产环境的学习就可获得职业资格证书，强化了学校在技能型人才培养中的主体作用，降低了原本企业以技能鉴定为人才考评方式所应发挥的人才培养的作用。

目前，中国职业教育以企业为主体、以学徒制为主要培养方式的传统逐渐消失，而改由学校承担起职业教育的主要责任与义务。但事实上，学校与企业是两种完全不同的主体，在其运行机制与所追求的目标上迥然不同，这种不同也就造成企业与学校完全不同的人才培养方式，最终体现在人才培养的质量上，从而造成一种不正常的现象——拿了职业资格等级证书的毕业生在企业不会干活。这也就形成很多企业对学校学历与职业资格等级证书含金量的质疑。其实，这体现出的是职业学校教育固有的弊病。

二、现代学徒制

就国际职业教育发展的趋势与背景而言,从20世纪80年代末开始,西方各国掀起现代学徒制的改革浪潮。法国、丹麦、希腊、卢森堡、葡萄牙、爱尔兰、荷兰、西班牙等国纷纷对学徒制重新立法,例如英国在1993年推出了现代学徒制项目,澳大利亚于1996年推出了新学徒制项目等。德国的双元制在职教领域内的异军突起,使我国职业教育界看到了学校与企业合作是职业教育人才培养的一条重要途径。学校与企业是德国职业教育的两大主体,两者紧密合作是它的一大主要特征。就历史发展的角度而言,德国的双元制是德国学徒制在现代的发展,是现代形式的学徒制。在很长的一段时间内,企业培训与学校教育两大元素,都是彼此独立发展的两个系统,各自遵循不同的轨迹,直到20世纪,这两部分才以新学徒制的方式整合并被有意识地结构化,从而形成一个有机整体——双元制。我国职业教育在发展历程中,面临着"剃头挑子一头热"的窘境,企业不愿意与学校合作。基于学徒制在国外实施的现状与发展历程,以及在中国曾经兴盛且现在仍然存在的"师傅带徒弟现象"角度考虑,我们的职业教育校企合作似乎还有另外一条道路。

(一)现代学徒制的内涵

1. 现代学徒制的历史:从传统学徒制到现代学徒制

从现代学徒制的发展历程来看,现代学徒制是对传统学徒制的否定之否定,其间学校教育制度(特别是班级授课制)的建立与发展为学徒制的"重生"奠定了基础。现代学徒制在主体关系、教学规模、教学组织、教师队伍、教学方法,以及教学评价等维度表现出对传统学徒制和学校教育制度的扬弃。

(1)主体关系的维度:师徒关系—师生关系—新型关系

传统学徒制中的教学主体关系表现为师徒关系,这种关系保留了父子般的亲密感情,即所谓"一日为师,终身为父""师父是徒弟的衣食父母"。学校教育制度中的教学主体关系表现为师生关系,即教师和学生,是在教育教学过程中为实现教育目标,通过教与学的直接交流活动而形成的相互关系。现代学徒制中的教学主体关系既不是单一的师生关系,也不是完全的师徒关系,而是将两者有机结合的新型关系,这种新型关系继承了传统学徒制的师徒情,又避免单一师傅实施教育所带来的局限性。

(2)教学规模的维度:小型规模—大型规模—中型规模

传统学徒制和学校教育制度的优势和弊端主要体现在由教学规模的不同而产生的不同的教学效果上。

传统学徒制的教学规模属于小型规模,即一个师傅带一两个徒弟,师徒之间有充分深度的交流和互动,但人才培养效率低,难以适应工业化大生产背景下对大量技术技能型人才的需求。相对而言,学校教育制度的优势在于能在短期内完成大量的人才培养任务,适应工业化大生产的需求;然而其弊端也颇为明显,即:一方面庞大的学生规模导致难以实现因材施教,另一方面教学资源的严重不足,导致难以保证有现场教学的机会。现代学徒制基于职业技术教育的特性,充分利用学校与企业的资源,采取校企双方合作的方式,突破教育主体的单一性,用学校与企业双主体育人的模式,整合双方教育资源,缩小班级规模,使师徒关系建立在 10～20 人的中型规模上,既满足了经济社会发展对人才数量的需求,又确保了人才培养的质量。

(3)教师队伍的维度:师傅个体—教师分散—教学团队

对于教育的主体教师而言,在传统学徒制中,似乎不存在"队伍"这一说。因为在传统学徒制模式下,师傅通常是个体,就算是行会等对于师傅而言,也都是松散型的,统一行业间的师傅有交流,但是在教学方面(带徒弟)通常是相对独立的。在学校教育制度下,同一专业的学生有一个相对庞大和固定的教师队伍对学生进行全方位的教育。但是,教师之间因课程内容的相对独立,他们在教学中也相对独立。现代学徒制模式下的教师不是完全的一对一,也不是整体的多对多,而是由一个相对固定和稳定的教学团队来负责相对固定的一个班级,师徒(师生)之间能够充分接触与了解,教学团队成员之间分工明确,协调合作,有助于生生关系、师生关系及师师关系的培养,有助于充分发挥情感(心理因素)在技能培养过程中的积极作用。

（4）教学方法的维度：从实践到理论—从理论到实践—理实一体、做学合一

在传统的学徒制中，师傅对学徒的教学具有充分的"个体化"特性，即每个师傅有自己独有的一套教学方法，几乎不受外界干扰和限制，很容易做到因材施教。同时，师傅通常也没有受过专业的教育理论学习，教学方法就是从自身的技艺操作入手，学徒没有经过系统的理论学习就直接开始接触师傅交给的操作性任务，因此传统学徒制的教学方法可以大致总结为从实践到理论的方法。学校教育制度兴起后，从理论到实践的教学方法适应了短期内培养出大量的技术技能型人才的需求。然而，在经历了快速、大量培养人才的阶段后，社会关注的焦点由数量转向了质量。基于此，既能够满足人才培养数量的需求，又能大力提高人才培养质量的教学方法，"理实一体、做学合一"这种适应于技术技能型人才培养的方法应运而生，并在现代学徒制中得到了最佳体现。

（5）教学评价的维度：主观评价—客观评价—多元评价

在传统学徒制中，教学是师傅与学徒个体的事情，因而教学评价主要依靠师傅个体的经验来判断该学徒是否能出师，外界也并未对人才的评价有特别的要求和约束。对于学徒的水平，也主要根据其师傅的水平来评判，即所谓"名师出高徒"。在学校教育制度下，教学评价通过教师对学生所学的课程分别做评价来整体体现学生的水平。由于学生数量较多，教师对学生的评价必须依赖客观的评价标准来进行，在这个阶段，客观评价是教学质量评价的主要特征。在现代学徒制模式下，育人主体的多元性决定了教学评价需要由企业和学校双方通过毕业证、职业资格证书、技术等级证书等多方面从主客观的角度进行综合评价，才能有效确定人才培养的质量。

（二）现代学徒制的要素

现代学徒制的实现既需要学校层面的微观探索，也需要国家层面的宏观支持。然而，在社会主义市场经济的背景下，"等、靠、要"的模式显然不适应市场经济的规律和需求。如何在有限的政策支持的背景下，采用"草根"

模式探索微观范围的现代学徒制实现形式，成了我国职业教育所面临的主要问题。基于我国的国情，追求大范围的"大一统"模式的现代学徒制是不现实的，因此要根据不同地区、不同行业、不同学校、不同专业的实际，探索与其相适应的现代学徒制实现形式。当然，在现代学徒制的多元化实现形式中，有一些基本要素是必须具备的。现代学徒制的逻辑起点在于校企合作，其关键在于如何有效整合学校教育和工作现场教育。现代学徒制的基本要素主要包括以下几个方面。

1. 校企双方共同参与

在传统学徒制中，行会在学徒制的建立与发展中起到了至关重要的作用。在我国，随着市场经济的发展，行业协会在人才供需方面起到的作用日趋弱化，因而现代学徒制的建立较之传统学徒制来说，人才供需双方的直接对接成为现实。因此，现代学徒制必须建立在学校和企业双方共同作为主体的基础上，实现校企的双主体育人，即学校和企业作为平等的育人主体共同深度参与且全程参与人才培养。

2. 利益共振是主动力

当前，校企合作面临的主要是如何深入和如何持续的问题。这些问题的解决不仅要靠国家的政策支持，还需要学校和企业这两个主体通过相互磨合，探寻到双方的利益共振点，建立相互依赖的关系。

《教育部关于推进高等职业教育改革创新引领职业教育科学发展的若干意见》中指出，高职教育的发展要以合作办学、合作育人、合作就业、合作发展为主线。"四个合作"表明了高职教育校企合作的发展方向已经由单一转变为多元，由关注当下转变为注重持续发展。基于此，校企合作需要建立一种长效机制来扭转当前"应激性""一时性"的合作行为，确保校企之间具有稳定的合作关系。长效，即一种自觉，将机械应答变为工作习惯与方式；机制，即制度化，是事物运行的基本原理。校企合作的长效机制就是要建立校企之间的一种"合作惯性"，在市场经济的背景下和经济人假设的理论下，这种"合作惯性"的基点在于校企双方能够相互获利，即形成相互依赖的利益共同体。然而，就目前而言，校企合作难以持续的根本原因就在于企业在合作中难以见利，没有利益来吸引企业主动地参与到校企合作中来，导致校企双方无法以平等的身份进行对话，合作也就无法长效进行。

"共振"是指一个物理系统在特定频率下，以最大振幅做振动的情形，其特定频率称为共振频率。共振是物理学上的一个运用频率非常高的专业术语。共振的定义是两个振动频率相同的物体，当一个发生振动时，能引起另一个物体发生振动的现象。我们将物理学中的共振概念引入职业教育中的校企合作，其振动的特定频率是"利益"。企业以生产为目的，学校以人的培养为目的，从表面上看二者利益不一致，但因为企业的生产需要人、需要技术，而学校是培养人的，是提供技术服务的，所以校企双方通过合作实现了双赢，企业自觉地参与合作，就形成了"共振"，甚至产生了"共鸣"。（共振在声学中亦称"共鸣"，它指的是物体因共振而发声的现象。）因此，实现校企深度合作的关键在于实现校企双方的共赢，即实现利益的"共振"，才能从根本上解决校企合作的结合点。基于此，校企合作的内容是通过教育环节和生产环节尽可能重叠，实现教育工作项目与企业生产项目的一致性。利益共振的核心在于"依赖"，即企业愿意合作，主动参与合作。当然，利益仅是校企合作的主动力之一，学校和企业还应当具有相应的社会责任，将利益共振的效益扩大，提高高职教育的质量，提升企业的收益，最终提高校企双方的社会贡献率。

（1）校企合作的内在动力在于"利益"

从事物发展的规律来看，事物发展的动力包括外在动力（外因）和内在动力（内因），而外因要转化为内因才能发挥实质性作用。校企合作除了要有政府的支持和鼓励的外在动力，还要挖掘合作的内在动力。学校教育具有公益性，而企业生产具有利益性，即追求利润的最大化。当前，与高职院校合作的企业以民营企业为主，而民营企业的特性在于追求低成本、高收益、短周期。因此，民营企业与高职院校合作，不可能过多地投入毕业生上岗后的上岗培训费用；同时，人才培养是一个周期较长的过程，让民营企业参与高职院校的人才培养，在短期内难以看到实效。可以看出，在这种传统的合作模式下，企业不可能积极主动地参与校企合作，这就需要探寻推动校企合作的内在动力，其关键点就在于利益，通过利益的驱动，实现校企双赢。在校企合作中，对于学校而言，利益显而易见，即能够以较低的成本培养出高质量的人才；对于企业而言，利益趋于隐性，需要发挥学校的主动性来搭建平台。

（2）校企合作的持续动力在于"依赖"

当前，校企合作长效机制难以形成的重要原因是学校和企业双方没有形成相互依赖的关系。建立在私人关系、情感关系、机遇关系基础上的校企合作关系，都难以形成持久的、稳定的合作关系。只有基于双方的利益，形成积极相互依赖的共生关系，才能调动校企合作的持续动力。

基于校企之间的利益共振，进一步实现校企合作办学实质化、合作育人全程化、合作就业责任化、合作发展持续化。

第一，合作办学实质化。校企浅层合作与深度合作的显著区别就在于校企双方合作办学是形式化还是实质化。例如，学校的专业方向按企业所需而确定，并在企业建立实习基地，建立专业专家指导委员会和实习指导委员会。聘请行业的专家、高级技师等为指导委员会成员，与企业签订专业实习协议，逐步形成产学合作体。就实际情况而言，指导委员会在很大程度上还停留于形式层面，对高职院校的实质性指导作用没有充分发挥出来。有的院校还提出，在校企合作的组织架构上，可选择全球化企业作为双主体成员，如设立双院长、双系主任、双工业中心主任、双专业主任制度，建立由政府、行业、企业、社区、学校代表参与的高职院校管理委员会或理事会，统筹管理校企合作办学事宜。当然，组织架构上的合作是实质性合作的基础，最根本的是要发挥企业在高职院校建设与发展中的作用，要有明确的责权利和工作机制，这样才能实现校企合作的实质化、纵深化。

第二，合作育人全程化。育人是教育的根本，高职教育的根本目的就在于为生产、建设、管理和服务一线培养高素质技能型人才。因此，高职院校与企业的合作也必须围绕这个目标来开展。培养高素质技能型人才的目标，设定了高职院校与企业之间合作育人的全程化，因此从学生入学到培养，再到就业，都必须要有企业的参与。在招生入学阶段应当体现企业的需求，特别是当前在高职院校实施的单独招生，企业参与令这一过程就有了现实的基础；另外，在订单式人才培养模式下，企业也在人才的选拔上起到很大的主体作用。在培养阶段，企业应参与专业设置、培养计划、课程开发、实训实习、学生考核等方面的工作。在就业阶段，企业应主动承担起学生就业的责任，将学生就业作为自身的本职工作，尽全力促进学生的就业。这一点，将在下面具体谈到。

第三，合作就业责任化。高职教育是以就业为导向的教育，因此实现学生就业是高职教育的重要职责。当然，在校企合作的办学模式下，企业也是学生就业不可缺少的重要力量。当前，尽管很多高职院校与企业的合作都集中于学生就业上，但是对于学生就业并没有建立相应的责任制度，没有形成相应的责任机制，导致学生就业难以形成稳定的渠道。校企深度合作要打破仅仅按企业需求来实现学生就业的不稳定性，应将学生就业纳入企业的责任范畴，让学校与企业充分利用自身资源，共同承担促进学生就业的责任。

第四，合作发展持续化。合作发展是校企合作的高级阶段，是在合作办学、合作育人、合作就业、合作发展的基础上实现校企的双赢。校企合作发展是校企深度合作的高层次阶段，并且具有持续性。达到这个阶段的校企合作，校企之间都在很大程度上形成积极的相互依赖的共生关系，彼此不能离开对方而生存。例如：企业的员工需要高职院校培养，企业的技术依赖高职院校，企业的规划与发展需要高职院校的智囊团；而高职院校办学、育人，以及学生的就业等都需要企业全程参与、全面参与。同时，两者不是盲目地应急性合作，而是具有长效性的可持续合作。

3.学生具有学徒身份

在校企双方作为利益主体形成积极的互相依赖的关系背景下，现代学徒制的建立就有了基础，在此基础上赋予学生学徒的身份（签订培养协议或就业协议），使学生的培养成为学校和企业双方共同的责任，至于具体的学徒培养方式，则根据学校和企业的实际情况具体协商。例如，在整合学校教育和工作现场教育方面，可以以学校场地为主，整合企业资源；也可以以企业场地为主，整合学校资源。

（三）现代学徒制的模式

现代学徒制是传统学徒制与现代学校教育相结合、企业与学校合作实施的职业教育制度，是起源于德国的职业培训。目前，大多数欧洲国家都建立了或正在探索建立适合新时期的现代学徒制。例如：德国现代学徒制开展普遍，制度规范，企业参与度高，500人以上的大企业学徒制参与率高达91%；瑞士学徒培训制度完善，学生在完成义务教育后（十五六岁），约有2/3的人进入职业教育体系，其中有4/5的人参加学徒制，其余1/5的人则进入全日制职业学校；英国把开展现代学徒制作为实施国家技能战略的重要途径，政府的教育战略报告《世界一流学徒制：英国学徒制发展战略》提出，要让学徒制学习成为16岁以上青年的主流选择；意大利建立了全球教育层次最高的学徒制，以法案形式规定学徒合同同样适用于博士研究生。

世界其他国家，如澳大利亚、美国、加拿大等，现代学徒制也已成为他们职业教育发展的战略重点。澳大利亚学徒制的机制灵活，学徒数量增长快。美国以合作教育的形式开展学徒制培养，学徒可根据职业岗位能力目标的不同，选择不同的企业去学习，学徒有更为宽广的学习与从业选择空间。尽管各国开展现代学徒制的形式具有一定的差异，但"双重"身份、"双元"育人、工学交替、实岗培养的内在本质是一致的。

1. 英国的现代学徒制模式

随着社会生产对工人素质要求的提高，传统学徒制已经不能适应新的需要，于是，英国发展出了由现场教学与学校教育相结合的工学交替的现代学徒制教学模式。英国现代学徒制起源于20世纪90年代英国保守党政府的政府预算报告。从那时起，学徒培训就被列入了政府预算，培训经费也有了稳定的保障。由学习与技能委员会及其下设的地方委员会负责对本地区学徒制培训的资助，其资助程序是先由政府做相应的预算，各地再根据本地区行业发展情况，制订各自的资金拨付计划。

英国学徒制体系由三个级别组成：中级学徒制（国家职业资格二级）、

高级学徒制（国家职业资格三级）和高等学徒制（国家职业资格四级及以上）。学徒培训的依据是国家统一发布的学徒制框架，该框架是由英国各行业技能委员会开发的，培训的核心内容是需要学徒获得的若干个国家职业资格证书。与德国和瑞士不同，英国学徒制框架本质上是一种"目标—结果"导向的管理策略，对学习的具体内容和校企分工没有限制，培训机构教什么、企业教什么、学徒怎么学，都非常灵活。英国学徒制中，通常是培训机构主动寻找合作企业，企业开展职业教育的积极性不高。在现行学徒制政策中，培训机构可以通过开展学徒制获得国家拨款，因此企业较为主动。

学徒通常需要面试来确定是否被学校录用，若被录用，则与学校签订培训合同。在培训开始后，培训机构与企业按照共同商定的培训计划交替开展教学，通常为每周四天在企业，一天在培训机构，当企业距离培训机构较远时，也会以若干周为单位进行交替。培训机构会安排导师全程跟踪学徒在企业的学习与工作进展，对学徒的考核主要根据学徒在工作现场的表现来进行。专业颁证机构、培训机构，甚至雇主本身只要通过资格认可，就都可以成为评估者。学徒获得学徒制框架里规定的所有资格证书，便成功完成了学徒制培训。为了帮助小企业开展现代学徒制，英国还发展了一种新的学徒招募模式——学徒制培训中介模式。在这一模式中，学徒制培训中介是学徒的雇主，它将学徒分配到合作企业去接受学徒培训，并向企业收取一定费用。当企业无法继续雇用学徒时，学徒制培训中介就为学徒寻找新的学徒岗位。

具体而言，整个学徒期一般持续4~5年，第一年学徒脱产到继续教育学院或产业训练委员会的训练中心去学习；在以后的几年中，培训主要在企业内进行，学徒可利用企业学习日，每周一天或两个半天带薪去继续教育学院学习，也可去继续教育学院学习一些阶段性脱产学习的部分时间制课程。最后，学徒完成整个学徒训练计划并顺利通过相关考核，还可获得相应的职业资格证书。

2. 瑞士的现代学徒制模式

瑞士的职业教育统归联邦政府管理。学徒制必须根据联邦专业教育与技术办公室发布的职业培训条例来开展，它不仅规定了教育内容，还规定了职业学校、企业、产业培训中心的分工职责。瑞士现代学徒制的校企分工是在最高层面进行统一设计的，这点与德国不同，德国的职业培训条例只规范企业培训，而职业学校的教育内容则由各州政府自行规范。

瑞士现代学徒制是在三个场所完成的，因此又称为"三元制"，具体包括：①企业培训。它是瑞士学徒制的重心，占整个学习时间的 70% 以上。②职业学校的学习。大多数职业学校由州或市开办，也有部分学校由行业联合会开办。③产业培训中心的入门培训。产业培训中心由行业协会开办，属于独立的第三类培训场所，主要采取集中授课的方式，学习内容为从事某一职业所需的基础专业知识和技能。企业培训与学校教育交替进行，典型做法是学生每周 1～2 天在职业学校，3～4 天在企业接受培训；还有一种模式是学生大部分时间在学校学习，然后逐渐减少学习时间转而以企业培训为主。学徒期满后，学徒要参加一系列的国家考试，以获得联邦职业教育证书（2 年制）或文凭（3～4 年制）。同时，他们还可获得一份由师傅开据的学徒工作证明。

三、中国特色现代学徒制的思考

（一）中国特色现代学徒制的建设背景

为了应对我国产业升级与技术技能型人才短缺的问题，近年来，我国政府高度重视和发展职业教育。西方国家现代学徒制的兴起，引起了我国教育政策制定者的极大兴趣。

2014 年，我国教育部印发了《关于开展现代学徒制试点工作的意见》，在这一文件中首次提出了中国特色现代学徒制的说法，即"逐步建立起政府引导、行业参与、社会支持，企业和职业院校双主体育人的中国特色现代学徒制"。文件要求把握试点工作的内涵，即积极推进招生与招工一体化，深化工学结合人才培养模式改革，加强专兼结合的师资队伍建设，形成与现代学徒制相适应的教学管理与运行机制。文件中还提出了四个工作原则：坚持政府统筹，协调推进；坚持合作共赢，职责共担；坚持因地制宜，分类指导；

坚持系统设计，重点突破。该文件的下发标志着我国对中国特色现代学徒制的探索进入了实质性的开展阶段。

（二）中国特色现代学徒制的操作定义

我国政策文件中对现代学徒制的描述是校企联合招生、联合培养，以及政府引导、行业参与、社会支持，企业和职业院校双主体育人。这样的描述虽然点出了现代学徒制的本质要素，但还缺乏能够指导和规范实践的操作性。只有明确了操作定义，才能明确我国开展现代学徒制的实践边界，才能为有关数据统计和经费划拨设立标准。

中国特色现代学徒制操作定义的设定需要考虑：①区别于以往的工学结合，避免"新瓶装旧酒"；②采用国际通用概念，保持与国际较为一致的交流话语氛围；③坚持中国国情与特色，符合我国职业教育的办学实际。

基于以上考虑，将以下标准纳入我国目前开展的现代学徒制的操作定义是较为现实的：企业与学徒及学校签订明确的学徒培训合同，并报教育部门或劳动部门备案；有完整的校企培养方案，尤其是企业培养方案，并报教育部门备案；学徒期为1~4年，学徒期内，在企业的学徒时间占比不少于50%，脱岗在校学习时间占比不少于10%，且每年校企学习的交替频次不少于两次；学徒获得劳动津贴（需制定最低标准）；完成学徒培训后，学徒同时获得职业学校毕业文凭与职业资格证书。

（三）中国特色现代学徒制的目标取向

为什么要建设中国特色现代学徒制？通过发展中国特色现代学徒制，可解决什么问题？发展中国特色现代学徒制应该有明确的目标取向。

1. 提升职业教育教学成效

20世纪90年代，我国开始了一轮以"产教融合、工学结合"为核心的职业教育教学改革。改革在教学理论、课程体系、教学内容、教学方法和教学制度上均取得明显的突破，特别是职业教育课程开发跳出了学科体系的藩篱，项目教学、案例教学、工作过程导向教学等体现"工学结合"特征的教学模式被广泛运用于职业学校的教学中，教学效果明显改善。但我们也应注意到，这些改革主要是基于学校职业教育的，企业的办学主体地位未能得到充分彰显，因此一些问题仍然难以解决，如校企合作还处于表浅层面、学校教学与实际生产需要仍有距离、顶岗实习"放羊"情况依然严重。我国发展现代学徒制的思路将直指对这些问题的解决。因此，中国特色现代学徒制应该着力解决校企合作的制度保障问题，解决企业的办学主体地位问题，解决人才培养中校企分工的问题，解决企业本位教学和实习的质量问题。只有这些问题得到了解决，我们才能着实地提升职业教育的教学成效。

2. 服务经济发展

《现代职业教育体系建设规划（2014—2020年）》提到，我国职业教育存在的问题集中体现在职业教育体系不适应加快转变经济发展方式的要求上。作为现代职业教育体系的组成部分，中国特色现代学徒制在建设上，也应树立长期的目标取向，着力满足我国经济发展的需要。要实现这一目标，中国特色现代学徒制就应当充分关注劳动力市场的真实需求，充分遵循市场经济的基本运行规律，充分体现行业、企业对人才标准制定的主导地位，充分发挥企业在人才培养过程中的主体作用。

3. 促进社会进步

保障和改善民生、促进社会公平正义是我国当前建设现代职业教育体系的重要目标取向，也应当是中国特色现代学徒制建设的重要目标取向。基于这样的目标取向，中国特色现代学徒制应面向更广泛的群体，向学习者提供有吸引力的职业生涯发展通道，让他们更加体面地就业和生活，更好地在社会向上流动。

4. 服务于人的可持续发展

现代学徒制在本质上是一种教育制度。而教育就必须以人为本。现代职业教育的"人道"范畴尤其强调人的主体地位，人是具有多样化学习的主体。这就要求现代学徒制不能片面强调与经济和社会需求的对接，而应该同时尊重和彰显人的主体性，在现代学徒制中尤其表现为要服务于人的可持续发展。传统学徒制只注重当前岗位技能的片面性，现代学徒制则更加强调普通文化素养和通用技能的养成，为学习者的未来发展奠定必要的基础。同时，现代学徒制亦在制度设计上，强调灵活的、分层的体系结构，使学习者可以自由进阶。这些做法亦应该为我们发展中国特色现代学徒制所借鉴。

（四）中国特色现代学徒制的发展路径

基于我国国情，中国特色现代学徒制可以分别从企业本位职业培训和学校本位职业教育两条路径，向现代学徒制发展。

1. 从企业本位职业培训到现代学徒制

这条发展路径是基于已有的企业培训实践。转换的重点：一是企业培训规范化，即通过系统性的设计，明确企业培训的目标、内容、方法、评价等，从而提高企业培训的目的性和有效性；二是将这种学徒制纳入正规教育体系，即认可学徒获得的职业资格和学历。这条发展路径的优点是企业本来就是培训主体，与学校的合作既可以帮助企业改进培训效果，还可以为员工争取学历提升的机会，所以企业和员工的参与热情相对较高。当然，在开展过程中政府部门还要加强监管，以教育培训质量为核心，从而避免把它当作套取文凭或财政资金的手段。

2. 从学校本位职业教育到现代学徒制

这条发展路径是基于目前职业学校的办学现状。转换的重点是深化产教融合、工学结合，充分发挥行业、企业主导性。这条发展路径的优点是基于已有的职业学校办学规模和布局，开展的面比较广。而难度则在于如何解决"校热企冷"的现实问题，有效调动企业的参与热情。毫无疑问，这需要相应的外部激励措施与之配套。

（五）中国特色现代学徒制的基本模式

中国特色现代学徒制在我国目前还处于起步阶段，应该尊重办学的多样性，鼓励对多种不同开展模式的探索。

1. 招生模式

针对不同生源，目前我国现代学徒制实践主要有以下三类招生模式。

（1）先招工后招生模式

这主要针对的是企业员工生源。学员首先是企业员工，由企业送到学校联合培养。

（2）联合招工招生模式

这主要是针对应届毕业生。在招考环节，企业与学校共同面试应届毕业生，学员同时获得在校生和企业学徒双重身份。

（3）先招生再招工模式

这主要针对的是职校在校生。学校先招生入校，然后在第二年或第三年，通过企业在校内的二次筛选，学员正式进入现代学徒制并获得企业学徒身份。受制于学徒年龄，中职以"2+1"模式为典型，高职以"1+2"模式为典型。基于我国职业教育和企业的参与现状，先招生再招工模式在我国可能会最为普遍。

2. 办学模式

中国特色现代学徒制是建立在我国职业教育已有办学实践的基础上的。与我国已有职业教育办学模式相关联，中国特色现代学徒制亦存在以下三种典型的办学模式。

（1）基于职教集团的办学模式

这种模式在我国当前的现实环境下是较为理想的，它能够较好地实现学校与企业"多对多"的合作。尤其是在行业性的职教集团背景下，职教集团填补了我国行业协会的缺位，能在一定程度上保障学员的通用职业能力，并缓解企业岗位吸纳能力波动的风险。

（2）基于校企合作的办学模式

这种模式下，校企合作仍是以"点对点"的形式开展的。它在我国职业教育办学实践中较为普遍，但应防范学徒仅为个别企业"定制"和企业中途退出的风险。

（3）基于"厂中校"或"校中厂"的办学模式

这种模式与我国以往的技工教育模式较为类似，亦是我国当前校企合作动力不足背景下的一种补充方案。由于"厂中校"的企业往往没有那么大的实践用人需求，"校中厂"的企业用人需求亦不是真实的，因此该模式要特别关注毕业生的就业问题。

3. 组班模式

根据单个企业的学徒规模，我国现代学徒制的班级组织模式主要有以下两种：

（1）整班模式（订单班）

整班模式，即一个班都是某企业的学徒，除行业通用课程相同外，企业岗位课程也完全一致。

（2）分散模式

分散模式，即将不同企业但同一专业的学徒组班教学。这一模式下，学员的行业通用课程是一致的，但企业岗位课程（特别是顶岗实习内容和要求）存在差异。

两种模式都是服务于我国经济的有益模式，前者主要服务于大型企业，后者主要服务于中小型企业。

4. 工学交替模式

日释和期释是国外现代学徒制常见的工学交替模式，此外还有渐进式工学交替模式。这三种类型在我国现代学徒制实践中都有表现。

第一种是日释，以天为时间单位，通常在一周内进行工学交替。这种模式要求企业从一开始对人才的培养就是高度参与的。

第二种是期释，以周或月为时间单位，每隔若干周或月工学交替一次。

第三种是渐进式，它是日释和期释工学交替模式的综合版。在现代学徒制项目的开始阶段，学徒在学校的学习时间多于在企业的学习时间，随着项目的进行，学习场所的重心逐渐转移到企业，即学习的后期，学徒以在企业学习为主。基于我国国情，渐进式模式相较于前两种操作性更强。

5. 课程开发模式

根据企业的参与深度，我国现代学徒制的课程开发模式可以分为三种：第一种是企业为主的开发模式。特别是企业岗位课程，通常建立在企业原有内部培训体系基础上，而职业院校进行配套开发学校课程。第二种是校企共同开发的模式。基于职业能力分析，学校与企业联合组成课程开发团队，共同设计课程体系，开发教学资源。第三种是学校为主的开发模式。通常也以课程开发团队的形式进行，但企业人员在课程开发团队中仅充当顾问角色，课程体系和教学资源开发的主体仍是职业院校教师。

三种模式都有其存在的合理性，这主要受制于企业原有的培训资源和培训能力。对于培训体系成熟的企业，可以采用第一种或第二种模式。但对于培训资源和培训能力本身较为欠缺的企业，第三种模式更为可行。只要人才培养标准是科学且明确的，课程开发的具体模式就可以多样化。当然人才培养标准的科学制定必须由区域、行业和国家层面具有更多专家资源的权威机构来开展。

6.课程结构范式

现代学徒制的课程结构包含两个维度：一是不同教学种类；二是不同教学内容在企业与学校之间的分工。教学内容应包括普通文化素养、行业通用能力和岗位特定技能三个层面，其中行业通用能力占比相对较大。学校和企业的分工比重在三个层面上可以各不相同：普通文化素养以学校培养为主；岗位特定技能以企业培养为主；行业通用能力的培养校企比重相当，但学校侧重理论，企业侧重实践。

（六）发展中国特色现代学徒制的关键点

根据上述中国特色现代学徒制的目标取向、发展路径和基本模式，发展中国特色现代学徒制尤其要把握好与劳动部门对接、吸引企业参与、吸引学生参加及保障教学质量四个关键点。

1.与劳动部门对接

现代学徒制是职业教育跨界合作的典范。因此，要做好现代学徒制，教育部门必须与劳动部门密切合作，摆脱教育部门"唱独角戏"的尴尬局面。劳动部门不仅包括人社部门，还包括各个具体的行业部门。与劳动部门的对接尤其要建立起跨部门的协作机制，在不同部门之间建立起稳定的对话平台和工作机制。同时，行业组织也要做好自我建设，充分代表行业内各种类型、各种规模的企业，履行好服务于行业内企业长远发展的职责。

2. 吸引企业参与

企业是现代学徒制的重要利益相关者。在我国开展现代学徒制，吸引企业的参与就显得尤其重要。可以重点通过以下三种途径吸引企业参与：其一，通过资金补助、资金奖励、税收优惠等方式积极分担企业的培训成本；其二，在企业与职业学校及公共实训基地之间合理分配培训任务，职业学校和公共实训基地更多承担起培养可迁移的行业通用能力的任务，从而降低企业培训成本；其三，通过实习保险制度、学徒用工规范等制度设计，消除企业对学徒安全、学徒管理和未成年学徒用工方面的顾虑。

3. 吸引学生参加

在吸引企业参与的同时，现代学徒制还要吸引学生参加。主要的策略包括：其一，向成人学习者开放；其二，通过就业统计向学生展示现代学徒制更加可靠的就业前景，对正式留用学徒的企业给予一定奖励，如规定留用学徒可免去劳动试用期；其三，在现代学徒制体系内部，以及现代学徒制与其他类型的教育之间建立起顺畅的发展通道；其四，通过立法对学徒劳动的津贴、时间、强度等提供基本保障。

4. 保障教学质量

在以现代学徒制数量扩张为重点的同时，亦不可忽略质量的重要性。为保障教学质量，重点要完成的工作包括：其一，科学制定学徒培养标准；其二，建立学徒注册制度，学徒合同必须在政府部门备案；其三，对开展现代学徒制企业的硬件和师资建立明确最低标准；其四，通过备案审查、现场督查等方式规范企业培训与实习；其五，职业院校与企业深度合作，在工学之间建立起有机联系。

第二节 现代学徒制模式下高职院校的教学管理理论基础

这里以现代学徒制的国际经验为基础,总结现代学徒制的基本经验,如:现代学徒制受哪些因素影响;现代学徒制的主要利益相关者有哪些,相互关系如何;哪些因素影响着企业对学徒制的参与,有哪些策略可以激励企业参与;哪些因素影响着青年对学徒制的参与,有哪些策略可以激励青年参与;政府在学徒制中可以有哪些作为。

一、现代学徒制的影响因素

现代学徒制的开展情况与开展模式,总是受制于一些外部条件。而这些外部条件是国家对学徒制进行制度设计时所必须考虑的背景因素。

(一)经济背景

1. 经济结构制约着学徒制的开展范围

学徒制的开展是建立在国家经济结构(尤其产业结构)的基础上的。以英国和德国为例,英国和德国都是世界经济发达国家,已经基本完成工业化进程,德国双元制主要集中于现代工业领域,这一领域是现代学徒制发展最早也最为成熟的领域,事实上,德国双元制的广泛开展与德国工业在国民经济中所占比重高是分不开的。而在英国,现代服务业是英国的主要产业,工业的比例处于下降状态。应该说,现代服务业是现代学徒制应尝试的新领域,它在教学上还不是很成熟,这一领域的企业也没有提供学徒制的传统。这或许可以简单解释为什么英国学徒制的总体数量和比例远远小于德国。

2. 技术水平决定着学徒制的开展价值

当前世界主要国家的现代学徒制覆盖现代工业、现代农业和现代服务业。而这些产业的一个共同特征就是具有较高的技术含量。学徒制培训对于技能密集型生产方式来说具有极大的价值，这是现代学徒制能在机器大工业生产后得到复兴的重要原因。低技能的劳动密集型产业，员工仅需简单培训或短期培训便可以上岗，这些领域不适合开展学徒制。

3. 行业协会的影响力决定学徒制的认可度

行业协会是行业内全体企业的自治组织，是推动开展学徒制的重要力量。它在现代学徒制中的作用包括：制定行业通用的技能标准，规范监督企业的培训行为，通过与政府、工会等组织的对话充分保障企业利益，等等。行业协会的地位和威信，并不是凭空产生或由行政力量控制的，而是基于本行业、企业的高度认同。正因为如此，行业协会所承担的职责是其他组织难以替代的。在行业协会中地位高的行业，学徒制开展得就比较顺利；相反，行业协会中地位相对劣势的行业，学徒制往往难以保证质量，不受认可，甚至开展不起来。

4. 大企业的数量影响现代学徒岗位的供给

参与现代学徒制的意愿强和能力水平比较高的往往是大型企业，而不是中小型企业。在激烈残酷的市场竞争中，中小企业更关心的是企业的生存和扩张。同时，由于在与大型企业的市场竞争中，中小型企业处于劣势，即便它们投入学徒制，培养了自己所需要的人才，这些人也很容易被大企业挖走。因此，如果没有一定数量的大型企业，那么学徒制培训岗位的数量就难以保证。

（二）文化背景

文化背景是影响一个国家现代学徒制开展情况和开展方式的重要因素。英国与德国相比，较为明显的是，德国的文化背景更有利于职业教育的开展。德国崇尚科学技术，尊重技术人才，故而也重视职业教育，社会对双元制非常认可，这种文化背景因素经常被认为是其他国家难以成功效仿德国双元制的重要因素。德国学者就曾指出，双元制在德国的实施是基于一些"理所当然"的做法的：多数家长在孩子完成中学教育后，很自然地为其寻找双元制培训岗位；很多企业顺理成章地提供双元制培训岗位；绝大多数青年理所当然地接受双元制职业教育。这种"理所当然"就是文化传统力量的具体体现。相反，一些国家普遍对职业教育较为轻视，人们不愿意选择学徒制。因此，这些国家的政府需要做出更多的努力，才能吸引青年选择学徒制。

（三）教育体系

学徒制是广义的现代教育体系的组成部分，它与这一体系中其他组成部分的相互关联直接影响着它对青年的吸引力。

1. 职业教育与普通教育的关系影响着学徒制的生源

当前世界各国教育体系在处理普职教育的关系方面可以分为两类：普职分流型和普职融合型。德国是普职分流型的代表，学生在完成初等教育后就进行了普通教育与职业教育的分流。在大众更倾向于普通教育的大环境下，这种分流有力地保证了职业教育的生源。但是这一做法也被质疑会过早且不公平地形成社会分层。而英国是普职融合型的代表，综合中学是中等教育的主要教育机构，虽然它保障了青年选择教育类型的个人自由，却无力为职业教育提供足够的合格生源。这一现实是当前各国无法回避的客观情况。

2. 职业教育选择的内部竞争影响着青年对学徒制的选择

即使同在职业教育领域，学徒制还需要与其他职业教育选择展开竞争。比如，在德国就存在双元制与全日制职业教育的竞争，但全日制职业教育始终无法获得企业界的认可，双元制才是青年职业教育的首选。在英国此类竞争也同样存在，比如20世纪90年代中期，由于规划设计不当，同为工作本位的职业教育、现代学徒制项目与青年培训计划形成竞争关系，使这种制度安排颇受诟病。因此，在职业教育内部如何合理设计和安排各种教育选择，也考验着决策者的智慧。

3. 学徒制与职业资格的关系影响着学徒制的吸引力

各国都将学徒制与职业资格紧密联系在一起，完成学徒制即可获得全行业认可的从业资格。这对于增强学徒制的吸引力是很有正面作用的，在英、德两国的比较中，这一点就更为明显。在英国，学徒制仅仅是青年获得职业资格的途径之一，而在德国双元制不仅与职业资格紧密联系，而且这种联系还是排他性的，即企业界并不认同其他途径获得的职业资格，由此大大巩固了双元制在职业教育中的绝对地位。

（四）历史演化轨迹

制度的演化往往受到以往制度的影响，表现出"惯性"和"自我增强"的特点，这在新制度经济学中被称为制度演化的路径依赖。作为职业教育制度的学徒制，同样也逃脱不了这一规律。以德国为例，行业和企业有着对学徒制的信任和依赖，在组织管理上，它表现为中世纪的行会及工业革命后的行业协会，始终控制着学徒制的管理权；在教学上，企业内提供培训成为德国企业的一贯传统。工业革命最终没能阻碍德国的学徒制，而且德国内生地创造出了适应现代工业的新学徒制形态——双元制。而由于自由经济很早就在英国确立了地位，英国的行会并没能承受住大工业的考验，学徒制也随之偃旗息鼓。就教育制度而言，英国普通教育的重要性不断自我加强。因此，当英国重启学徒制时，改变原有制度惯性的困难程度就不言而喻了。

二、现代学徒制的利益相关者机制

现代学徒制的开展模式和开展情况最终是由利益相关者之间的互动决定的。这里对现代学徒制理想的利益相关者的机制进行了分析探讨。

（一）分析框架

孙玫璐曾在其博士论文《职业教育制度分析》中将职业教育制度的利益相关者分为四大类，即国家/政府、教育机构、企业和目标群体（职业教育的施教对象）[①]。学徒制也是职业教育制度中的一种形态，参考以上划分，现代学徒制的利益相关者可以分为：政府、教育机构、企业和学徒四类。

这四类利益相关者在学徒制中的利益和权力的大小是不同的，利益与权力是否匹配、是否平衡，在一定程度上决定了这一制度能否取得成功。这里以管理学利益相关者分析的"权力—利益"矩阵为分析框架，对英、德两国

---

①孙玫璐.职业教育制度分析[D].上海：华东师范大学，2008.

现代学徒制利益相关者的利益和权力进行分析。

（二）基于英、德个案的比较

在英国，通过现代学徒制，政府可以实现多重经济和社会利益，它在现代学徒制中也拥有领导、开发和管理的权力。企业是学徒培训的直接受益机构，学徒及完成学徒制的合格劳动者都是企业重要的人力资源，它是开展学徒培训的重要机构，并且可能获得政府的培训专项拨款，它的权限也非常高，主要表现在通过行业技能委员会和颁证机构主导学徒制的标准，对具体的学徒培训实施也有较大的自主权。教育机构是现代学徒制培训的另一个重要实施机构，而且学徒制还是许多私立培训机构的盈利来源。但是这些机构的权限并不高，没有明显地代表团体参与到英国现代学徒制的决策和项目开发中，在很大程度上，其只是英国现代学徒制的被动实施者。学徒制无可争议地应该是英国现代学徒制中高利益水平的利益相关者，他们期待通过学徒制实现自己职业生涯的发展，然而，他们实际上的权限比较低，除了在培训实施层面，有权选择教育机构和企业，他们并没有代表参与学徒制的决策、开发、实施和管理过程。

在德国双元制中，政府、企业、教育机构和学徒的具体利益与英国的差不多。但是德国的职业学校主要是公办的，政府也不为企业培训提供经费，因此德国的企业和职业学校不存在英国财政拨款带来的直接利益。在权限水平方面，四类利益相关者都拥有较高的权限，典型表现是在德国双元制重要的决策和管理机构中，四类利益相关者的代表比例相当。

综上所述，通过对英、德两国现代学徒制利益相关者机制的分析，我们可以得出一个基本经验：作为现代学徒制的四个主要利益相关者，政府、企业、教育机构和学徒应该被赋予与其利益水平相当的权限，如此才能既促进四方相互合作，又保证四方相互制衡。

三、现代学徒制中的企业参与

现代学徒制与传统学徒制的标志性区别是职业学校作为重要主体，与企业共同培养技术技能人才。但我们不要忘了，现代学徒制究其根本还是一种学徒制。这意味着它是以企业为教育培训主要提供方的人才培养制度。没有企业主体，就不存在学徒制，更不存在现代学徒制。与全日制学校职业教育相比，现代学徒制不仅是"为企业"培养技术技能人才的职业教育制度，还是"由企业"和"在企业"培养技术技能人才的职业教育制度。企业充分参与是现代学徒制成功开展的前提。

（一）什么是企业充分参与

企业充分参与有两方面的内涵：一是企业参与广度，即有多少企业或多大比例的企业提供了学徒岗位。这是衡量一个国家现代学徒制开展情况的重要指标。比如，在国际上广受赞誉的瑞士、德国，企业开展学徒培训的比例是比较高的，分别约为1/3和1/4。二是企业参与深度，即企业在哪些方面、以何种方式参与现代学徒制。比如，企业是否参与了本国学徒制标准和具体培养计划的制定、培训活动的实施、学徒的考核评估，在与现代学徒制相关的决策中，企业的意见在多大程度上可以得到体现，等等。

无论是企业参与广度还是企业参与深度，都与制度环境密切相关。其中，企业参与深度源于制度环境的规定性，它通常是强制性的，即政策法规等制度安排决定了企业必须（或可以）在哪些环节以何种方式参与现代学徒制。而企业参与广度则更多源于制度环境的吸引力，它是非强制性的。换言之，企业自主决定是否要开展现代学徒制。这里主要探讨后者。

（二）影响企业参与现代学徒制的因素

既然是否开展现代学徒制取决于企业的主观意愿，那么我们就有必要弄明白企业在决定是否开展现代学徒制时，都会考虑哪些因素。根据国际经验，在竞争激烈的经济市场和自由的劳动力市场中，以营利为目的的企业对于是否开展现代学徒制主要考虑的是经济利益。

1. 投资的净成本（或净收益）

它是指企业对现代学徒制的投入成本与学徒劳动生产价值之间的差值。其中，投入成本主要包括直接培训成本（培训课程开发、培训资料与耗材、培训人员工资、培训管理等费用)和学徒工资两大部分。学徒的劳动生产价值是指学徒顶岗从事生产性或经营性劳动为企业创造的价值,这是企业决定是否开展现代学徒制的首要考虑因素。对于这个因素,大多企业的观点是:我可以不赚钱,但我不能亏钱,或者至少不能亏太多,这一点可以解释为什么第三产业的企业开展现代学徒制的积极性相对较高。第三产业是非物质性的生产部门,学徒培训投入的物化成本相对较少,而从业门槛又相对较低,学徒可以很快上岗操作,为企业产出劳动价值,也就是说成本低、回报快。而工业生产领域则相反,培训消耗的物料比较多,学徒需要较长的训练周期才能顶岗,在有限的学徒期内给企业带来的劳动生产价值比较有限,换言之,成本高、回报慢。

2. 投资的潜在回报

它是指除了学徒劳动创造的价值外,企业还可能获得的有形或无形回报,这是企业最为看重的投资价值。在现代学徒制中,这种潜在回报主要表现为:①人力资源回报,如节省了招聘成本,降低了错误选择员工的风险,减少了对新员工的培训成本;②社会回报,例如,参加学徒制培训的企业往往被认为是有社会责任感的企业,可能因此而更易受到顾客的青睐,也可能因此而获得来自政府和其他组织的各种支持。企业对潜在回报的看重,正是其愿意亏小部分钱而参与现代学徒制的原因。因为从长远来看,这样的投资不亏。

3. 投资风险

除了投入的成本和可能的回报外,企业还会考虑投资风险。在现代学徒制中,它主要表现为学徒主动跳槽或被其他公司挖走,这是由现代学徒制培训投资对象的特殊性决定的。现代学徒制的投资对象是活生生的人,完成学徒制后,他可以在劳动力市场中自由选择劳动企业。而随着学徒离开企业,企业对他投入的培训成本也将付诸东流。相反,那些没有提供培训而录用了已毕业学徒的企业就可以无偿享用学徒的成果。这在经济学中被称为"偷猎外部性"。它可以解释如下问题:现代学徒制在劳动力市场较规范的国家(如德国、瑞士)比自由劳动力市场的国家(如英国、美国)开展得好;就业吸引力相对较小的中小企业对开展现代学徒制比较顾虑；企业更愿意开展只为本企业所用的特殊技能培训，而非可迁移于其他企业或行业的一般技能培训。

4.其他途径获得合格劳动力的成本

企业投入职业教育与培训的核心目的，就是获得高质量的劳动者。因此，除了现代学徒制，企业显然还会考虑其他替代途径，并比较成本。

企业获得人力资源的途径主要包括三类：①自己培养，包括现代学徒制和其他在岗培训。优点是人才更符合本企业需求，且员工忠诚度更好。缺点是培训有比较大的投入。②从学校招募。与现代学徒制构成竞争的主要是来自全日制职业院校的毕业生。优点是培训成本相对较低。缺点是职业学校的人才培养质量往往难以达到本企业的用工要求。③从劳动力市场或其他企业招募。优点是招募对象是有经验的劳动者，企业无须再投入培训。缺点是工资成本较高，且员工忠诚度较低。具体到不同国家，这些途径的可行性和成本又都不一样，这就会影响企业开展现代学徒制的决定。比如在法国，全日制职业学校非常普遍，取得的国家认证亦与学徒制完全一样，企业投入学徒制的意愿就相对较低。在德国，企业普遍更信任学徒制培养出来的人才，而企业的挖人行为对企业声誉又有负面影响，所以德国企业就比较愿意开展双元制。

5.文化传统

文化传统也对企业投入学徒制培训的义务感有影响力。比如：在德国、瑞士、丹麦等国，受传统影响，企业投入学徒制的义务感比较强，认为这是理所当然的事；而在英国、法国等国，工业革命后教育的责任就逐渐转归学校，因此企业更倾向于享用学校的培养成果。

（三）激励企业开展现代学徒制的举措

那么，当前主要国家又采取了哪些措施来激励企业提供学徒岗位呢？综合各国的做法，主要包括以下四大类举措。

1.建立收支相对平衡的经费制度

经费制度是所有国家激励企业开展现代学徒制的核心措施。基本思路是使企业开展现代学徒制的成本（培训费用及学徒工资）与收益（学徒劳动产出）大体相当。具体又可以分为以下三种策略类型。

(1) 高工资、高拨款

采取这种策略的是学徒制传统薄弱的国家。为了激励青年选择现代学徒制，企业必须支付比较高的学徒工资，而为了保护企业的参与积极性，政府就必须为企业培训成本买单，英国就是应用这一策略的典型。英国政府规定企业要向学徒支付不低于国家最低标准的工资，实际上企业支付的往往更高，通常为正常工资的40%～70%。此外企业还要为学徒支付各种社会保险，这部分的支出需要企业自行承担。不过英国政府会通过公共拨款为企业分担大量的培训费用，在额定总量内，企业每投入1英镑，国家会配套投入2英镑。针对16～18岁的学徒，还有另外的专门补助，加在一起，相当于政府全额支付了16～18岁学徒的培训成本。通过政府拨款加上学徒劳动产出，英国企业实现了投入与产出之间的大致平衡。

(2) 低工资、低拨款

采取这种策略的是学徒制传统深厚的国家，以瑞士和德国为典型。在这些国家，培养学徒的全部成本都由企业自己承担，国家只向职业学校提供办学经费，低工资就成为企业保持收支平衡的策略。比如，德国学徒第一年的津贴通常为正常工资的20%～40%，而瑞士学徒第一年的津贴还不足正常工资的20%。但有统计数据表明，在瑞士现代学徒制中，企业不仅做到了收支平衡，甚至还略有盈余。这一点也是瑞士现代学徒制备受关注的重要原因。另外，虽然学徒津贴低，但这些国家对学徒制的认可度很高，因而并不会失去学徒生源。

(3) 征税—拨款制度

还有一些国家通过"征税—拨款"制度来调节开展学徒培训与不开展学徒培训企业的利益，典型的国家有法国、丹麦、爱尔兰。这一制度向未完成培训任务的企业征收培训税，并由专门的基金委员会管理，再按比例拨款给额外完成了培训任务的企业。以法国为例，除了自由职业和农业，从事工业、商业、手工业和服务业的所有企业，无论其规模多大，都要交纳学徒培训税。

250 名雇员以下规模的企业交纳税额为总工资支出的 0.5 %，250 名雇员以上规模的企业交纳税额为总工资支出的 0.6 %，但雇用了一定数量学徒的企业可以免除交纳学徒培训税。

2. 提供特别奖励

不少国家还设立特别的奖励基金或奖励政策来鼓励企业开展现代学徒制。这些奖励通常是针对特殊招募对象、特殊企业或者特殊时期的。比如：德国向招收残疾人、长期失业者为学徒或接收破产企业原学徒的企业支付一定金额的培训奖励；英国向招收 16 岁或 17 岁失业青年为学徒的企业，每招一人支付 2 500 英镑的特别奖励；奥地利对在成立五年内提供学徒岗位的企业、每年提供超过 10 个学徒岗位的企业等提供最高达 2 万欧元的奖励；澳大利亚向在国家技能需求名单上的行业提供学徒岗位的企业提供额外的补助。还有一些奖励是以税费减免的形式颁发的，如荷兰给提供学徒培训的企业减免部分税收及学徒的社会保险金。

3. 在教育机构与企业之间进行合理的教学分工

这种方式能从隐性角度分担企业培训成本。对于企业来说，为学徒提供的培训越是通用性的，培训成果被其他企业"偷猎"的风险就越大，企业因而越没有培训积极性；越是企业特定化的技能，培训成果被"偷猎"的风险就越小，企业相对而言更愿意投入培训。因此，在许多国家，现代学徒制都将职业基础知识和一般技能的教育职能转移至职业学校或其他有公共经费投入的培训机构。特别是针对中小企业，由于它们对求职者的吸引力不如大企业，它们开展学徒培训时，成果被"偷猎"的风险尤其大，因此特别需要通过培训转移，为中小企业降低投入成本和风险，保护企业的参与积极性。瑞士的产业培训中心、德国的跨企业培训中心等都是这一策略的成果。

4. 宣传造势

文化层次理论把文化分成物质、制度和精神三个层面。上面提到的经费制度、特别奖励、校企分工等，可以看作从制度和物质层面营造激励企业开展现代学徒制的氛围，而宣传造势活动则是直接从精神层面激发企业的参与热情。比如，英国就非常重视宣传造势，并有一系列的举措：在学徒制官方网站宣传企业参加学徒制的各种好处，随时向企业提供咨询及帮助，每年评选优秀雇主，每年举办声势浩大的国家学徒制周活动，等等。

四、现代学徒制中的青年参与

有哪些因素会影响青年选择学徒制，又有哪些策略可以激励青年选择学徒制呢？

（一）影响青年参与现代学徒制的因素

1.学徒的职业生涯发展前景

一般而言，职业生涯发展前景是青年进行教育选择的首要考虑因素。青年会考虑完成学徒制是否更容易找到工作，找的工作是否比其他教育完成后的工作更好，就业是否稳定，将来有什么样的发展机会，等等。总而言之，在科技日新月异、劳动力市场需要变化加快的今天，学徒不仅会考虑完成学徒制后的一次就业，还会考虑职业生涯的长远发展。

2.其他教育选择的竞争

在各个国家，学徒制的适龄青年往往面临着其他多种教育选择，比如普通中学、全日制职业中学、高等院校等。这些教育选择或多或少地与学徒制构成竞争关系。与学徒制相比，这些教育选择可以提供的职业生涯发展前景，以及选择这些教育要耗费的成本如何，都是青年的考虑因素。

3.学徒的直接成本收益

选择学徒制，学徒是否需要支付学费，是否会得到工作津贴或工资，与其他职业教育类型相比这种成本收益盈余是否更合算，等等，这些直接的经济账也会一定程度地影响到青年的选择。

4.文化因素

文化传统也是影响青年及其家长选择学徒制的重要因素。在德国，选择双元制并不是件丢人的事，相反，它的地位比全日制职业教育更高，只有优秀的学生才会获得双元制培训机会，不能获得双元制培训机会的青年只好去全日制职业学校。但在英国，学徒制往往与差学生、低地位、低收入等传统看法联系在一起，使不少人主观上并不愿意选择学徒制。

（二）促进青年参与现代学徒制的策略

1. 在学徒制与职业资格及良好的就业前景之间建立起清晰的联系

大多国家的学徒制与职业资格相挂钩，特别是德国，企业还坚决主张只能通过双元制获得职业资格，从而使学徒制与职业资格之间的联系具有明显的排他性。德国行业对这些职业资格的高度认可，能保证完成了双元制的青年获得优质、稳定的工作岗位。因此，德国双元制被认为是学徒制结果透明度高的成功案例。双元制与良好的职业生涯发展之间的联系不仅是紧密的，而且是可预见的。

2. 在学徒制内部，以及学徒制与其他教育之间建立发展通道

为学徒建立起可持续的职业生涯发展通道，是现代学徒制的重要任务。只有这样，才能在劳动力市场需求快速变化的背景下，吸引青年积极参加。比如在英国，学徒制体系不仅内部分为不同的层级供青年晋升，甚至还开通了学徒制与基础学位之间的通道。在德国，完成双元制的青年经过若干年的工作，可以到技术员学校学习，升级为技术员，另外双元制毕业后也同样具备申请高等教育的资格。

3. 控制其他教育选择与学徒制的竞争

控制其他教育选择与学徒制的竞争，也是政府鼓励青年选择学徒制的重要策略。比如，德国较早进行的普职分流为双元制生源的数量和质量提供了保证，德国高等教育的严格（周期长、淘汰率高）也将不少青年导向了学徒制。崇尚自由主义的英国在这方面则面临不少问题。在中学阶段，英国并没有分流，并且高等教育大众化也明显使青年更多地愿意选择普通教育，而不是职业教育。即使在职业教育内部，其他一些工作本位的学习项目与学徒制之间也存在着竞争关系。不过好在英国政府已经意识到这一问题，并拿出对策解决，如将原来的青年就业计划合并到现在的学徒制项目中。

4. 经济激励

首先，在绝大多数国家，青年参加学徒制是不收取任何费用的，他们的培训成本由政府承担或者政府和企业共同承担。其次，与全日制职业教育相比，学徒制的优势之一正是学生可以在学习的同时获得劳动收入。因此，它又被称为一种"边赚钱边学习"的职业教育项目。

5. 加强指导和宣传

加强指导并通过宣传为学徒制营造良好的氛围，也是政府鼓励青年参加学徒制的重要举措。在德国，这种指导被整合到中学教育的最后两年中，有专门的教师向学生提供职业生涯课程和指导，并提供双元制的岗位信息，引导青年选择双元制。瑞士政府强制要求中小学开展职业指导，并向学校教师提供专业的劳动力市场与咨询培训。英国和澳大利亚每年都评选优秀学徒奖，注重正面引导。

五、现代学徒制中的政府角色

（一）规划统筹

立法规范和建立国家级的专门管理机构是多国政府对现代学徒制进行规划和统筹的主要手段。在立法方面，多国通过了对学徒制进行综合规范的专门法案，如德国的《职业教育法》、瑞士的《联邦职业教育法》和英国的《学徒制、技能、儿童和学习法案》（以下简称《法案》）等。同时，这些国家也都建立了对全国学徒制进行全面规划和管理的机构，如德国联邦职业教育研究所、英国国家学徒制服务中心。各国政府在规划统筹方面的主要差别在于：一些国家强调平衡政府、企业、学校和学徒的不同利益，在各级建立相对完善的相关利益者合作平台，如德国、瑞士；一些国家的利益均衡机制则不太明显，如英国的企业和行业协会在整个学徒制组织管理中占据优势地位。

（二）教学管理

政府对现代学徒制的教学管理，首先，体现在对学徒制培训标准的管理。学徒制培训标准通常由中央政府统一颁布实施，如德国与瑞士的职业培训条例、英国的学徒制框架、澳大利亚的培训包等，但不同国家存在差异，一些国家的政府机构较为直接地参与了学徒制培训标准的制定，如德国通过联邦职业教育研究所全面负责职业培训条例的制定和修订；而另一些国家对学徒制培训标准仅使用审批权，如英国的学徒制框架就是由行业技能委员会制定的，英国政府仅执行审批权。

其次，表现为对提供学徒制培训的企业和教职人员的资质审核。相对而言，德国、瑞士对企业及教职人员的资质审核要求较为严格，而英国、澳大利亚等国对企业和教职人员的资质审核要求则较为宽松。

最后，在具体教学过程中，各国政府的管理方式差异较大。英国对教学过程几乎不加管理，澳大利亚要求澳大利亚学徒制中心定期走访，德国、瑞士、法国则通过职业培训条例和框架教学计划、联络文档、联络管理手册等实施了较为严格的过程管理。

（三）经费支持

各国政府对学徒培训提供直接的经费支持，但资助的范围和力度有所不同。英国和澳大利亚政府几乎承担了培训机构和企业的学徒培训的所有成本；而德国、瑞士政府向职业学校提供培训经费，对企业培训的成本并不直接资助，但跨企业培训中心或产业培训中心可以获得部分的政府财政资助。经费支持策略上的差异，与这些国家的职业培训传统高度相关。

第三节 学徒制育人模式教学管理内涵与特征

现代学徒制是由"现代"和"学徒制"两个词组成的偏正型复合名词，其中前一词"现代"修饰并限制着后一词"学徒制"。要准确理解什么是现代学徒制，要基于对"现代"和"学徒制"两个词内涵的理解。另外，国际通用的现代学徒制概念亦是我们理解和把握现代学徒制内涵和特征的重要方面。

一、什么是学徒制

我们从"学徒"或"学徒制"的一般概念界定中去抽象总结学徒制的核心要素。

（1）《韦氏第三版新国际英语词典》如下写道：

学徒：①受契约或法律合同限制，为某人服务一定时间，同时在师傅的管理下按当时或以前的教学方式学习某项技艺或行业的人；②在高技能员工的指导下，通过实际经验学习某个行业、技艺或职业的人，通常有预定的时间周期，并获得预定的工资。

学徒制：①学徒或新手的服务或身份；②学徒或新手服务的时间。

（2）《新哥伦比亚百科全书》如下写道：

学徒制：学习一项技艺或行业的制度，学员被约定并为其学习付出一定年限的劳动。

（3）《技术职业教育辞典》如下写道：

学徒：青年在家长或监护人之监护下与雇主成立协议，在协议之条件下，由雇主供给青年学习一种技术、行业或其他职业之机会。

学徒制教育是指工厂制未发展之前之旧式学徒教育，曾盛行于世界各国。其特色包括三种：①学徒受师傅管教；②师傅负责传授技能并介绍就业；③师傅供给膳宿。

根据上述词典解释，我们可以抽象得出"学徒制"的核心要素：①目的是获得某一职业的从业资格，这类职业通常具有较高的技术技能含量；②学习发生在工作场所，有专门的师傅带教；③获得一定报酬，主要形式包括工资、津贴或食宿；④一般约定固定的年限；⑤学徒（或其监护人）与雇主签订契约，约束双方行为。基于这些要素，我们才能将学徒身份与在校学生、普通实习生、企业员工区别出来。

二、什么是现代学徒制

（一）现代性的内涵

据考证，"modern"（现代）一词源于公元 4 世纪的拉丁语单词"modernus"（现代），它之前是一个用来表示时间状态的词，通常包括两种理解：广义上，它用来当作目前、现在、今天的代名词，指人们正在经历的任何一个当前的时间阶段；狭义上，它指的是在人类历史演变过程中的某个特定时期，与古代（或传统）相对应，在不同的社会研究领域，这种狭义的现代所指代的具体时间往往是不同的。

那么，我们对现代学徒制语境中"现代"一词的理解应是广义还是狭义的呢？根据前文对学徒制的概述，我们不难看出，"现代学徒制"一词产生在 20 世纪六七十年代以后，它是指向特定时代的，而这一时代又是延续到当前的。因此，从时间概念上，我们应这样理解现代学徒制中的"现代"，即它上可追溯到 20 世纪六七十年代，下可延续至当前。

然而，如果仅仅从时间概念上去理解"现代"一词，我们就会陷入这样一个认识窘境——只要是发生在当前的，便是现代的，这显然很荒谬。当前，在农村地区和传统手工艺领域，依然存在许多只在家族内传承手艺的学徒制；在餐馆、理发店等工作场所也依然有许多打着招聘学徒的名义，实则雇用廉价劳动力的学徒制，我们显然不会称这样的学徒制为"现代学徒制"。因此，对现代学徒制中"现代"一词的理解，绝不能仅仅依据时间概念，它应代表一种特殊的种类或性质，包含着本质上这种学徒制与过往任何学徒制之间的特殊差异。这种本质的特殊差异，就是现代学徒制的"现代性"。

从构词法上看，modernity（现代性）是由 modern 为词根加上表示性质、状态、程度等意思的后缀"ity"构成的。对现代性的讨论涉及政治、经济、哲学、文艺、大众心理与社会生活等不同领域。在大众心理与社会生活领域，它指的是个体与群体心性结构及其文化制度之质态和形态变化。这里主要从教育视角来讨论现代学徒制，这样的讨论是在社会生活范畴内的，因此我们可以把现代学徒制之"现代性"定义为：现代学徒制作为一种教育制度，在质态和形态变化上呈现出的基本特征。

（二）现代性的基本特征

这里从历史比较和国际比较的角度去分析现代学徒制的现代特征。

1. 功能目的：从重生产性到重教育性

回顾过往任何一种学徒制形态，其功能目的都是更加偏重生产性，而非教育性的。例如，古代学徒制是维系和扩张家庭生产的主要方式，行会学徒制是行会控制生产的重要手段。更不用说国家干预学徒制和工厂学徒制中广泛存在的压榨廉价劳动力的现象，如学徒期不断加长、学徒常需从事与技艺学习无关的杂事等，也是偏重生产性功能目的的有力佐证。也就是说，在过往任何一种学徒制中，学徒的学习成效并未被置于核心地位。

而现代学徒制则是以教育为首要功能目的的。虽然企业招收学徒有着经济上的考虑，但由于国家（尤其是教育行政管理部门）的涉入，学徒制是以高效培养技能型人才为目的的，企业有义务帮助学徒在最短时间内完成职业技能的学习。学徒不再被视为业主或企业的私有物，而是国家公共的人力资源。西方各国普遍将现代学徒制视为重要的人才发展战略，其性质已经从私人性向公益性转变。这就意味着国家对现代学徒制承担越来越大的责任，学徒制的成本也越来越多地由社会分摊，而非主要由企业或学徒个人来承担。

2. 教育性质：从狭隘到广泛

现代学徒制在当今社会已经成为一项重要的教育形态，其教育性质与过去相比，逐渐从狭隘走向广泛，从边缘走向中心，从封闭走向开放。主要表现在以下三个方面。

第一，从就业培训到职业教育。过往的多种学徒制形态中，虽然其中也有一些将学徒的技术培训与道德教育并行的，如古代学徒制和行会学徒制，但无论是技术培训还是道德教育，都是指向获得从业资格的，到了国家干预学徒制和工厂学徒制的阶段，学徒培训更是沦为简单的岗位技能训练。而现代学徒制普遍关注的是学生的可持续发展及职业流动的需求，强化了对学生的基本素质、通用技能及基础理论的培养，现代学徒制也因此更加具有教育属性。例如：在德国双元制中，学徒如果没有普通中学证书，就必须参加全日制职业学校或"基础职业培训年"教育；英国每个职业的学徒制框架都要求包含能力本位要素、知识本位要素和关键技能要素；荷兰的学徒制项目也规定必须包括社会文化、普通技术和职业三个维度的内容。

第二，从非正规培训到正规教育。在过去，学徒制通常是被排除在正规教育体系之外的，即完成学徒制后，学徒虽可获得某个职业的从业资格，但却不能得到学历文凭。而现代学徒制则将学徒制与正规教育体系整合在一起，承认学徒制与学校教育具有相等的地位，同时还为学徒搭建继续接受正规学校教育的通道。例如：英国、德国、法国等都将现代学徒制纳入国家的正式学制，并且学徒获得的职业资格证书可以与全日制普通教育文凭等值、融通；在德国，约有一半的青年是通过双元制接受职业教育的。

第三，从终结教育到终身教育。过往学徒制的职业培训是一次性的、终结性的，即学徒出师后就开始了自己的职业生涯，之后就不再接受任何教育或培训。而现代学徒制在西方各国都普遍被设计成一种纵向衔接、横向融通的教育"直通车"和"立交桥"。从内部的纵向关系上看，现代学徒制主要以阶梯化的方式凸显不同学徒制项目的层次性和专业性。例如，英国、澳大利亚、法国、意大利等国的学徒制体系均由若干相通的层次组成。这样的设计可以使学徒更加个性化地选择适合自己能力水平与期望的学徒制项目。而在与普通教育体系的横向融通上，现代学徒制不仅允许与普通教育相互转换，还纷纷为最高级别的学徒制设计了与高等教育接轨的入口，如英国的"基础学位"、法国的"第一学位"等。

3.制度规范：从行会到国家

与过往任何一种学徒制形态相比，现代学徒制的制度性得到了极大的加强。这尤其体现在国家层面的统一规范上。

第一，国家法规的保护。许多国家将对现代学徒制的规范和保障上升到了国家立法的层面。需要说明的是，虽然国家在干预学徒制时期也颁布了相关的学徒制法规，但大都没有起到实效。而在保障力度和实际效果上，现代学徒制的这些国家法规成效都非常显著。

第二，国家机构的统筹。西方各国对现代学徒制还普遍设立了国家及地方的专门管理机构，负责学徒制事务的统筹及具体管理。例如：在国家层面，德国设有联邦职业教育研究所，英国设有国家学徒制服务中心，负责对全国的学徒制进行全面规划和管理；在地方层面，两国则分别设有教育与文化事务部、青年学习署、行业技能开发署等机构。

第三，课程框架的统一。在现代学徒制中，针对某一职业的学徒制课程框架在全国范围内通常是统一的、强制性的，如德国的"职业培训条例"和"框架教学计划"、英国的"学徒制框架"、澳大利亚的"培训包"等。它们是由国家专门机构组织利益相关者（政府、行业协会、学校、企业、教师等）通过特定程序而科学设置的，详细规定了学徒完成培训所应达到的知识和技能水平，甚至包括教育与培训的内容和方法等。

第四，认证资质的通行。在过往的学徒制中，学徒满师后获得的从业资格通常只在地区行会范围内得到认可。而当前，西方国家则普遍将现代学徒制与国家职业资格体系相融通。这些职业资格通常是以行业为主而开发的，也普遍为行业所接受。因此，学徒一旦完成学徒制项目，所获得的国家职业资格不仅可以通行全国，而且可以与其他职业资格进行等级比较。

4.利益相关者机制：从简单到复杂

与过去的学徒制相比，现代学徒制的利益相关者众多，往往包括政府、企业、产业指导委员会、工会、学校、企业师傅、学校教师、学徒等，甚至还出现了第三方培训机构或中介机构。要使现代学徒制能长期、顺利、有效运作和推广，就必须平衡这些利益相关者的权责。因此，现代学徒制的利益相关者、机制比以往任何学徒制都更为复杂，其主要是通过以下几种方式来实现制衡的。

第一，跨部门合作机制。稳定、有效的跨部门合作机制是现代学徒制平衡多方利益的前提保障。以德国为例，其双元制就是按"新社团主义"的规范组织的。联邦职业教育研究所领导委员会、各州的职业培训委员会、考试委员会等机构都是由数量相当的雇主、工会、政府、教师等方面的代表组成的。相关规范和政策（如职业培训条例、学徒津贴、企业培训税的征收、对跨企业培训中心的公共拨款等）也都是利益相关者以集体商议的方式来决策的，而不是政府或权力机构拍板决定的。

第二，培训合同的约束。在现代学徒制中，学校、企业、师傅、学徒都会签订严格的学徒培训合同，合同里详细规定了各方的权利与义务（培训任务、津贴报酬、工伤责任、解约违约规定等），并且这些合同均须到地方行政部门或行业委员会备案，具有较高的法律效力。

第三，多方严格的监督。为了保证现代学徒制培训的质量和效率，政府部门、行业委员会、学校等机构还相互承担着监督实施的责任。例如：职业学校的教学工作直接受教育行政部门的监管，同时行业委员会也会对其教学质量提出意见、建议；企业里的学徒培训在受到行业委员会监管的同时，学校也会委派教师到企业检查学生的学习；如果出现企业不按学徒培训合同履行义务的情况，学生就可直接到备案学徒培训合同的地方行政部门或行业委员会申诉。

5. 教学组织：从非结构化到结构化

与过往的学徒制相比，现代学徒制在教学组织上发生了很大的变化。我们很容易也很习惯地将其在教学组织上的特征总结为"校企合作、工学结合"，这一特征确实很重要，许多研究文献均对此做过深入的分析，这里不再赘述。但我们更不应该忽略实现这一特征的技术方式，即教学组织的"结构化"。

在过往的学徒制中，教学与生产合一，教学的开展具有很大的随意性，教学方式以模仿和试错为主，师傅的个人能力和师德在很大程度上影响学徒培训的质量。总而言之，其教学组织处于非结构化的状态。

而现代学徒制则特别强调教学组织的结构化，这是由教学场所和教学师资的多元性，以及对教学质量的高要求决定的。首先，在教学场所上，现代学徒制通常包括职业学校和企业两方面，在一些国家还出现了第三方培训机构（如德国的跨企业培训中心）。这样，教学任务就必须在各教学主体之间进行合理的分配。其次，与传统的学徒制不同，现代学徒制中担负教学培训任务的教师或师傅不是一个人、两个人，而是一个由很多人组成的师资团队，包括学校里不同课程的授课教师，以及企业里不同岗位和工作任务的师傅。

不同教师和师傅也需要在教学任务上做出合理分工。最后，也是最重要的一点，在上述不同教学主体和师资的挑战下，要保证教学质量的优质和统一，就必须对学徒培训进行结构化设计。

在现代学徒制中，教学组织的结构化是通过统一规范的课程框架来实现的，以德国为例，企业培训遵循的是联邦政府颁布的职业培训条例，职业学校的教学依据则是框架教学计划。它们分别是由德国联邦职业教育研究所和各州教育与文化事务部组织的政府、雇主协会及工会、学校等方面的代表，通过复杂的程序协商制定的。其中，职业培训条例对培训职业的名称、培训的时间长度、培训要教授的技能和知识、培训时间进度安排，以及考试要求都进行了详细的规定。框架教学计划则按培训学年划分，对学习范围、学习目标、学习内容和学习时间等方面进行了详细的规定。

三、国际语境中的现代学徒制

这里以若干有代表性的国际组织给出的词义界定来呈现当前国际社会对现代学徒制的一般理解。

（一）欧盟的界定

欧盟认为，学徒制是将企业本位培训（在工作场所的实践工作经验期）与学校本位教育（在学校或培训中心开展的理论和实践教育期）正式地整合和交替在一起，成功完成后可以获得国家认可的初始职业教育和培训证书的职业教育与培训形式。雇主与学徒之间大多有合同关系。

（二）欧洲职业教育发展中心的界定

欧洲职业教育发展中心在《欧洲教育与培训政策术语》中提出，学徒制是由工作场所和教育机构（或培训中心）两个场所相互交替进行的系统性的长期培训。学徒与雇主有合同关系，并得到报酬（工资或津贴）。雇主承担向学员提供能从事某一职业的培训的职责。

（三）欧洲统计局的界定

欧洲统计局则是这样界定的：学徒制的目的是完成正规教育系统中的某一教育与培训项目，它的学习时间由工作场所（可在企业内部或外部）的实践培训和在教育机构（或培训中心）的普通理论教育两个时期相互交替（按周、月或年）组成。

学徒制必须满足以下条件：①学徒制是正规教育的组成部分；②成功完成学徒制，学徒可以得到某一职业资格认证，表明学徒可以胜任某一职业或职业群的就业；③学徒与雇主直接或间接通过教育机构签订培训合同或正式协议，明确学徒制的要素（如职业、期限、需要掌握的技能等）；④参与者（学徒）得到报酬（工资或津贴）；⑤合同或正式协议的期限最少为六个月，最多为六年；⑥在大多数情况下，签订学徒制合同或正式协议的主体应该包括雇主和在该学徒制开始之前与他人没有其他正式合同关系的人。

第四节　高职院校开展现代学徒教学管理模式的意义

一、符合职业教育教学规律

技术是职业教育的核心内容。事实上，技术知识是独立于科学知识的另一套知识体系，它由技术理论知识和技术实践知识组成，具有事实知识与价值知识共存、陈述性知识与程序性知识兼备、理性知识与经验知识互补、显性知识与隐性知识同在的特点。这些特点决定了技术的养成必然具有情境性和生成性。学徒制之所以能够穿越历史风雨延续至今，正是因为它能有效满足上述职业技术教育的知识和技能传授的要求。

（一）学徒制包含了职业教育最本真、最朴素的原则——做中学

美国哲学家、教育家杜威把作业训练看作"是为职业进行的唯一适当的

训练",并认为通过作业进行的教育可以比任何方法都拥有更多有利于学习的因素。在现代心理学中,虽然行为主义的习惯论和认知心理学派的闭环理论、图式理论对动作技能学习的理解不太相同,但有一点却是一致的,即它们都认可技能学习是需要不断练习、反馈和矫正而习得的。在学徒制中,学徒边做边学,甚至先做后学,这些都是"做中学"的典型表现。大量的实践操作和反复操作,使学徒不仅会操作,而且能熟练操作。

(二)现代学徒制与情境学习理论相吻合

情境学习理论产生于20世纪80年代,并在近几十年成为学习理论的主流。它源于学者对传统教学中学习者与情境、知与行相分离的情况的批判,强调学习与认知本质上是情境性的,学习者在情境中通过活动可获得知识。然而,在情境中学习的做法却并不新鲜,历史上,学徒制就表达了情境学习的一般原则。学徒在真实的工作情境中学习,所学的知识技能与其应用之间的联系明显,他们由此更能理解学习的意义和价值,从而会主动学习,并更有效率地习得知识和技能。此外,情境学习的意义还特别明显地表现在默会性知识及态度的习得上。如果把一个职业所需要的职业素养看作一座冰山,那些可言明的知识和技能只不过是"冰山一角"。在这个冰山的水面以下,是大量难以言明的默会性知识和技能,而态度更是工作绩效的重要保证。在学徒制中,学徒通过观察师傅及其他工作者的工作,从而逐渐习得那些重要的默会性知识和技能,同时养成某一职业所需要的工作态度。

(三)现代学徒制是一种个别化的教学

人类最早的职业教育(前学徒制)用的其实就是个别化教学方式。直到工业革命以后,班级授课制才走上历史舞台。虽然班级授课制提高了人才培养的总体效率,然而如同机器大工业的产品生产一样,班级授课制忽略了学生个体之间的差异,无法根据学习者个人的情况制定学习进度和进行专门化的指导。现代学习理论对班级授课制的这些弊端提出了批评,并重新回归对个体的关注。其中,个别化学习理论强调"要以学习者为中心",根据学习者个人的情况,来制订学习计划,帮助个体进步。学徒制中师徒之间一对一的亲密互动，为学徒的个别化学习提供了宽松的条件，使学徒可以得到较之班级授课制更为细致入微的指导。

二、提供高质量的劳动者

现代学徒制是一种行业制定标准、校企共同培养、政府充分保障的人才培养模式。它之所以能够提供高质量的劳动者，至少有以下两方面的原因：

首先，从培训标准来讲，现代学徒制所规定的职业能力要求本身就是由行业制定的。相对于学校职业教育而言，现代学徒制明显带有需求引导的特征，它最直接地体现了企业界对劳动力的素质要求。事实上，除了是职业教育制度，学徒制还是一种劳动力与就业政策，从中世纪行会学徒制起，学徒制便与获得某种从业资格紧密联系在一起。早期，它是限制从业的行会制度的组成部分，即使到了现代社会，它依然与职业资格制度紧密相关。完成学徒制不仅意味着个体习得了某项技艺，更表示他得到了行业对其从业资格的认可。

其次，企业界不仅控制了人才培养的规格，还直接参与了人才培养的过程。从培训过程来讲，企业界普遍更认可学徒制这种"做中学"的培训方式，认为学校教育过于理论化，脱离实际需要。正如一些学者总结的那样，学校职业教育有三个靠本身无法克服的缺陷：一是不管学校的教学内容如何先进，与生产、服务第一线所应用的最新知识、最新技术、最新工艺相比，总有距离；二是不管学校的实训设施如何先进，与生产、服务第一线的最新生产设备相比，总有距离；三是不管学校的专业课师资如何"双师型"，与生产、服务一线技术专家、操作能手相比，总有距离。因此，为企业、在企业、由企业开展的学徒制的培训质量更能为企业所认可。同时，职业学校的教学又补充了企业培训可能存在的只重视岗位技能而不重视基础理论和文化素养教育的问题。校企双方通过结构化的方式紧密合作，从而提供了高质量的教育培训。

现代学徒制帮助青年从学校顺利过渡到工作岗位。在前工业社会，学校职业教育还没有产生，当时的学校教育面向的是贵族子弟，培养的是上层阶级"劳心者"，与职业教育无关。职业教育的唯一形式就是学徒制，它是培养工商业中产阶级的主要方式。学徒制与就业系统在很大部分上是相互重叠的。从某种程度上说，当时的学徒制更是一种带有职业教育功能的劳动就业制度。因此，在当时并不存在从学校教育向工作劳动过渡的问题，而从学徒到就业的过渡也顺理成章。

到了工业社会以后，学校教育得到了普及，学校的功能也从纯粹的学术教育转为普通教育与职业教育并行。由于学校职业教育是一种与就业体系没有重叠的纯粹的教育制度，这时如何从学校教育向就业系统过渡成为一个重要问题，而现代学徒制便成为解决这一问题的优质方案。

三、体现劳动力市场的真实需求

学校职业教育在本质上是一种供求引导的计划模式。职业学校通过预测未来若干年的人才需求来培养人才，并将人才推入就业市场。预测的风险性及信息的不对称，使得学校职业教育难以避免供需失衡所带来的结构性失业和技能短缺等问题。而在现代学徒制中，企业通常是根据自己的生产需要提供学徒岗位的，也就是说现代学徒制从实际的人才需求出发，将青年"拉进"职业教育体系。这样使劳动力供需更平衡，从而避免技术浪费或技能短缺。现代学徒制开展得较好的那些国家，在金融危机中失业率相对较低，很大程度上正是因为现代学徒制的这一特点。

四、为全民终身学习提供机会

全民终身学习是现代社会的重要教育思潮。它是在现代社会科学技术快速发展、人口结构变化、闲暇时间增长、民主化加强的背景下提出的。正如联合国教育、科学及文化组织所指出的那样，"职业教育与培训应使所有群体都能入学，使所有年龄层的人都能入学，应该为全民提供终身学习的机会"。

与传统学徒制不同，现代学徒制的制度设计较好地诠释了"全民终身教育"的理念。从教育对象上看，现代学徒制面向广大的社会青年，一些国家（如英国、澳大利亚）甚至还取消了现代学徒制的年龄上限。从学习形式上看，现代学徒制是一种非全日制的职业教育培训形式，学徒半工半读，采用学分制，以获得资格认证为学习的终点。这增加了就职人员选择教育培训的自由度，是现有全日制正规教育体系的有益补充。从学习地点上看，在学校之外，企业是现代学徒制重要的教育培训场所，学习地点的扩大及工作的学习化，正是学习型社会的重要表征。

第二章　现代学徒制的发展逻辑

职业教育是有别于普通教育的一种独立的教育类型，其人才培养经历了从传统学徒制到班级授课制再到现代学徒制的发展历程。现代学徒制是对传统学徒制的发展，是将传统的学徒培训方式与现代学校教育相结合的一种新型学徒制。现代学徒制基于职业教育"校企合作"的办学理念与"工学结合"的培养模式，和"订单培养"有着紧密的联系。然而，现代学徒制又高于传统的校企合作、工学结合与订单培养，是学校与企业积极互赖关系的产物。现代学徒制已经在全国范围内展开了积极的探索与实践。

第一节　现代学徒制的生长点

现代学徒制是相对于传统学徒制而言的一种具有现代意义的培养学徒（未来的技能和技术人才）的制度或模式，它带来了职业教育理念的转变和教育教学效果的提升。教育的起源就是以职业教育为基本内容的，因此现代学徒制的实施不能改变其育人本性，"学"依然是现代学徒制的根本。

一、以学为本的现代学徒制倡导"以生为本，以师为用"的教育理念

现代学徒制体现着"以人为本"教育理念的原始诉求，这个朴素的原始诉求，恰是传统学徒制所坚持的，但却为班级授课制所束缚，而在现代学徒制中获得新生。教育以培养人为天职，人是教育的立足点和归宿点，关心人的解放、人的完善和人的发展是教育的本质。职业教育的发展同样如此，尽管职业教育应以就业为导向，但这并不意味着职业教育为市场需求所奴役而一味地被动迎合市场需求。在教学目标的确定上，职业教育仍然需要坚持培养人的教育本质，以促进学生的全面发展、满足学生的多样化需求为终极追

求。在教学过程的实施中,将职业院校学生作为"发展中的人"来对待,充分尊重学生的主体地位,基于学生的职业成长规律,着眼于学生的可持续发展。具体体现为教与学的关系和师与生的关系这两个方面。

一是在教与学的关系上,学生的"学"是根本,"教"服务于"学",理想状态是实现教学相长。尽管教与学的关系是一个古老的话题,但是在现代学徒制视域下的教学关系,是对传统学徒制内核的继承与发展,具有特殊的价值和意义。例如:在教学内容上,现代学徒制将学生"学什么"放在首位,在此基础上再考虑教师"教什么";在教学方法上,现代学徒制将学生"怎么学"放在首位,在此基础上再考虑教师"怎么教"。

二是在师与生的关系上,学生是本体,是学之根本,教师服务于学生的成长与发展,理想状态是实现师生共进。在师生关系的研究与实践中,曾有过教师中心说与学生中心说的激烈争论。现代学徒制视域下的师生关系,不是简单的中心和非中心的概念,而是本体和所用的概念。在学徒制(无论是传统学徒制还是现代学徒制)背景下,学生具有明确和正式的学徒身份,基于此,师傅(教师)与学徒(学生)之间形成一种显性或隐性的契约关系,师傅(教师)与学徒(学生)因共同的目标而建立起师徒(师生)关系。在这种契约背景下的师徒(师生)关系,只有坚持"以生为体,以师为用"的体用之道,才能推动契约的达成。当然,这并不排斥在这个过程中师生的共同发展。

二、以学为本的现代学徒制追求"个体发展、社会进步"的双赢目标

现代学徒制不仅是职业教育作为一种教育类型的发展需求,同时也是提升人才培养质量的时代需求。经济社会的迅猛发展与日新月异的变革,为职业教育在人才培养方面提出了更高的要求。职业教育不但要为经济社会发展提供足够数量的人才,而且在人才质量及人才培养效率等方面均面临着更高的挑战,如何快速、高效地培养高素质人才成为职业教育发展中的一个核心问题。现代学徒制是传统学徒制经过班级授课制的洗礼而诞生的,整合了学

校与企业两个主体的教育力量，不但传承了传统学徒制的质量优势，而且进一步发挥了班级授课制的效率优势。

传统学徒制作为一种古老的职业教育形式，在工场手工业时代培养了大量的技能型人才，在传统手工业发展的历史进程中扮演着重要角色。然而，随着工业革命的到来，传统的手工作坊逐渐退出了历史舞台，机器化大生产促使人类生产方式发生了重大转变，亟需大量的具有熟练劳动技能的工人。传统学徒制显然无法满足这一历史需求，于是在班级授课制的基础上产生了现代学徒制。现代学徒制的产生不仅实现了职业教育理念的转变，而且进一步促进了职业教育效率的提升。在人才培养方式方面，现代学徒制实现了学校与企业的全面合作，以及产与教的深度融合，可以使个体获得快速成长，并能够在较短的时间内为社会发展培养大量的实用型人才。

可以看出，现代学徒制是对传统学徒制的否定之否定，是对传统学徒制"以学为本"理念的继承与发展。只有建立在"以学为本"这个生长点基础上的现代学徒制，才是真正意义上的现代学徒制，而抛弃了学习和学生的现代学徒制是伪现代学徒制。基于此，现代学徒制在职业教育实践的生长点在于"以学为本"，即肯定"学"（学习和学生）在教育活动中的主体地位，切实做到"因学论教"。

第二节 现代学徒制的切入点

在工业新形势下，在由制造大国向制造强国迈进的进程中，职业教育肩负着传承工匠精神，培育大国工匠的重任。工匠精神是现代工业制造的灵魂。2016年，"工匠精神"首次在政府工作报告中正式提出。"技进乎艺，艺进乎道"诠释了工匠精神的基本内涵，在高超技艺的基础上融入职业素养、职业道德、职业智慧等，进而达到"技可进乎道，艺可通乎神"的境界。工匠精神的培育依赖于工作现场与工作任务，依赖于师傅的言传身教。职业教育其本质和特征是"跨界"的教育，既是"工"也是"学"，是职业性与教育性相结合的产物。现代学徒制将这种工与学结合得更为紧密，为工匠精神的培养创设了"形""神"兼备的条件。

一、以现代学徒制的"职业性"创设工匠培养之"形"

无论是精益求精、持之以恒、爱岗敬业，还是无私奉献、开拓创新、持续专注、追求极致，工匠精神都需要具有职业属性的人才培养模式来支撑。现代学徒制作为职业教育人才培养的模式之一，具有天然的职业属性。所谓现代学徒制的职业性，主要指的是现代学徒制与人的职业生活和职业发展密切相关，是促使个体职业化的教育实践活动。突出现代学徒的职业性，是因为职业生活是人生中的主要行为，人若没有职业，其他各种行为都必受影响，所以教育以职业生活为目标之一，是极有道理的。因此，职业性应当是现代学徒制的根本属性，离开职业性，现代学徒制就失去了其存在的前提。

现代学徒制的职业性体现在育人活动的始终。职业教育的重要特性在于需要创设相应的情境要素，实现"做中学"是职业教育有别于其他教育的重要特性。同时，体现职业性的情境要素不仅是指实训设备等硬件，更重要的是构建情境要素的软件和相应机制。例如：如何通过校企合作，建立实训条件的长效发展机制；如何通过教学管理，优化实训资源的配置；如何通过教学设计，实现理论与实践的一体化教学；等等。这就需要建立一种新的职业教育制度，以适应职业教育职业属性的特殊需求。

现代学徒制紧贴职业教育人才培养的特殊需求，通过校企的深度合作：一是建立学徒与企业的契约关系；二是构建基于学习任务（由典型工作任务经过教学化处理转化而来）的理论实践一体化教学环境，并能促进学生自主学习的学习资源建设；三是注重师生情感在技艺传承，以及职业道德养成过程中的重要作用。在这个过程中，基于现代学徒制的共生型校企合作关系，企业作为育人的主体之一，在设施设备投入、培养方案制定、课程资源建设、师资力量投入，以及行业规范和企业文化融入等方面表现得更为积极主动。如此，学徒在真实的工作现场，通过真实的工作任务、师傅的言传身教，既达到了学校毕业生的要求，又达到了企业的入职标准，还具备可持续发展所需的工匠精神。因此，将工匠精神置于现代学徒体系中培育，既发挥了现代学徒制职业属性的天然优势，又为提升人才的培养质量找准了切入点。

二、以现代学徒制的"教育性"创设工匠培养之"神"

尽管技艺授受是职业教育的本质，但是职业教育不仅限于技艺授受。现代学徒制作为培养技术技能型人才的一种路径或模式，归根结底是一种培养人的活动，不能因其职业属性而忽视其教育属性。在17世纪末，伴随工业化大生产时代而产生的仅负责一个很具体工作的工人（如电影《摩登时代》的描述）已不能适应时代发展对技术技能型人才的需求，那么教育性在新时代技术技能型人才的培养过程中显得尤为重要，现代学徒制的教育性主要体现为对职业教育人才培养目标从"成器"到"成人"的升华，这就需要将现代学徒制下的技术技能型人才培养与简单的职业技能培训相区别。

培养个体熟练的劳动技能是现代学徒制的目标之一，而更为重要的是促使个体的职业化，进而实现个体的全面发展。教育要适合学生的身心发展规律，这是教育的基本原则之一。然而，随着职业教育的规模极大扩张，在职业教育的教学一线，学生的个体要素常常没有得到应有的关注，特别是学生的非智力因素，如情感、兴趣等。这导致职业院校学生的内在学习动力难以被激发，学习方式单一、低效等问题长期存在，将职业教育简化为职业培训，教育性不足。教育性的核心在于不仅应关注当下，还应关注学生作为教育主体的可持续发展。现代学徒制既关注学生当下的就业和上岗问题，也关注学生技术思维方式的培养、学习迁移能力的培养，以及职业道德的养成等学生的可持续发展问题。遵循学生的职业成长规律，注重通过文化（师徒文化、企业文化等）的隐性功能发挥非智力因素在学生职业成长中的影响力。基于此，现代学徒制秉承传统学徒制技术技能型人才培养的质量优势，以工匠精神作为其教育性的重要表征，创设工匠培养之"神"，提升其可持续发展的能力。

第三节　现代学徒制的落脚点

现代学徒制最直观的特征表现为师徒关系，师徒关系被定义为一个年龄更大的、经验更丰富的、知识更渊博的员工（师父）与一个经验欠缺的员工（学徒）之间进行的一种人际交换关系。尽管现代学徒制不能简单理解为"师傅带徒弟"，但它有别于学校教育制度的显性特征，也是关乎人才培养质量的重要一环。因此，"师承模式"成为现代学徒制的落脚点，只有建立真正的师承模式，才能称其为现代学徒制，否则，现代学徒制与传统职业教育的工学结合、校企合作、订单培养等无异。

一、师承模式是现代学徒制的表征

师承模式是指通过师徒之间默契配合，口传心授，徒弟将师傅的经验原汁原味地继承下来，并加以弘扬的一种教育方式。在传统学徒制中，手工工场的出现使学徒制在手工业广为盛行，学徒在固定师傅的指导下，经过一定时间的学习，可晋升为工匠。在学习期间，学徒可以参与师傅的生产经营活动，并获得一定数额的工资。18世纪末至19世纪初，随着行会的衰落和生产力的提高，传统学徒制不再适应新的生产方式的需求，因而走向了没落，师承模式也随之消逝，目前仅在中医药、美术等少数领域存在。

传统学徒制的师徒关系比较单一，以指导关系为主。对于教育的主体教师而言，在传统学徒制中似乎不存在队伍这一说。因为在传统学徒制模式下，师傅通常是个体，就算是行会等对于师傅而言也都是松散型的，同一行业的师傅之间有交流，但是在教学方面（带徒弟）通常是相对独立的。在学校教育制度下，教师成为一种职业，并且以学校为单位进行划分，对于同一专业的学生而言，有一个相对庞大和固定的教师队伍对学生进行全方位的教育。但是，教师之间因课程内容的相对独立，故在教学中也相对独立。例如，在职业院校中，同一专业的学生的学习内容被划分为不同类型的课程，如公共课、基础课、专业课等，不同的课程由不同的教师来完成教学任务，教师与教师之间在教学管理上是一个团体,但在教学活动中是相对独立的,各自完成自己的教学任务,不涉及其他课程。在现代学徒制下,师承模式的实现路径是多元化的,可以是一对一,也可以是一对多,还可以是多对多,更多体现为在教学活动中教师的团队意识和团队力量。基于现代学徒制整合人才培养质量优势与效率优势的特性,其师承模式通常是由一个相对固定和稳定的教学团队(项目负责人、学校教师、企业技师、项目辅导员等)来负责相对固定的一个项目班级,在这个项目班级中既可以采取小组合作的形式,也可以采取一对一或者一对多的方式,组织形式较为灵活,但是这个教学团队和项目班级是固定的,师徒(师生)之间充分接触与了解,教学团队成员之间分工明确、协调合作,有助于生生关系、师生关系及师师关系,有助于充分发挥情感(心理因素)在技能培养过程中的积极作用。

二、师承模式是工匠精神的载体

工匠精神的传承,是依靠言传身教的自然传承,无法以文字记录而以程序指引,它体现了旧时代师徒制度与家族传承的历史价值。现代学徒制正是以工匠精神的培育为切入点,凸显现代学徒制培育工匠精神的优势。而此优势的体现,则是以师承模式为载体的。

在师承模式下,师徒关系不仅是一种私人关系,还是一种社会关系。它通常被视为仅次于直系亲属关系的最重要的社会关系,并且往往会维持一辈子。传统师徒制在早期都是父子相传,然后过渡到师傅收养子为徒弟,最后才扩展到一般的师徒关系,这种关系难免保留着父子般的亲密感情,即所谓"一日为师,终身为父""师傅是徒弟的衣食父母",学徒对师傅的尊崇是心甘情愿的,师徒关系非常亲密,徒弟视师如父,师傅视徒如子,这种情感效应对知识技能的授受和学徒人格的培养发挥着积极的作用,也是培育工匠精神的重要载体。工匠精神也只有通过师承模式,通过师徒之间长期的亲密相处才能达到耳濡目染、潜移默化的培育效应。

三、师承模式是人才培养质量的保障

提升技术技能型人才培养质量是现代学徒制的初衷,而质量的提升依赖于师承模式的建立。这是现代学徒制对传统学徒制质量优势的传承。

师承模式较之学校教育制度(班级授课制)在人才培养方面的优势主要体现在以下几个方面。

一是教学规模适度,师徒互动充分。有研究发现,师徒之间的互动,通过认知或情感因素会对动作技能的形成产生重要影响。因此,现代学徒制师承模式的构建首要解决的问题是缩小教学规模,以确保师徒之间充分互动。基于校企双方共生型关系,现代学徒制充分利用学校与企业的资源,使师徒关系建立在10人左右的规模上,既满足了经济社会发展对人才数量的需求,又确保了人才培养的质量。

二是教学方法适宜,个性共性兼顾。在传统的学徒制中,师傅没有受过专业的教育理论学习,也不受外界干扰和限制,通常从自身的技艺操作入手,形成自己独有的一套教学方法,易于因材施教。为适应工业化大生产对技术技能型人才的大量需求,学校开始承担大量的人才培养任务。由此,从理论到实践的教学方法在职业教育中得到广泛应用,在短时间内培养出大量的技术技能型人才,满足了当时的社会需求。现代学徒制下的师承模式,既要兼顾师傅与学徒的个性,便于因材施教,又要考虑社会对人才质与量的需求。基于此,理论与实践一体化的教学方法适应师承模式的需要,并在实践中得到广泛的认可和运用。

三是教学评价科学,出师标准严格。出师是对人才培养质量把控的关键环节。在传统学徒制中,教学是师傅与学徒个体的事情,因而教学评价主要依靠师傅个体的经验来判断该学徒能否出师,具有较大的主观性;在学校教育制度的班级授课制模式下,由于人才培养数量大幅增加,对学生的培养不再由一位师傅一教到底,而是将对学生的培养内容划分为不同的课程,由不同的教师分别授课。此时不可能由一位教师来做统一的教学评价,而是通过对各自教授的课程分别进行评价来整体体现学生的水平。基于校企共商培养方案、共定课程体系、共培师资队伍、共建学习环境、共组班级、共施教学过程、共评学生质量、共担教学成本、共享发展成果的现代学徒制发展机制，师承模式下的教学评价（出师），将由学校与企业两个主体共同承担，既赋予师傅相当的评价权，又符合相应的课程评价标准。

第三章 现代学徒制人才培养模式

第一节 现代学徒制人才培养模式的概述

一、现代学徒制人才培养模式中的校企职责

（一）现代学徒制人才培养学校的职责分析

1.合理设置专业，优化专业结构

职业院校适应实际需求、招收优质学生、提升就业质量的首要环节就是专业设置。合理设置专业，优化专业结构是职业教育适应经济新常态、主动服务社会、提升自身竞争力、完善人才培养工作的重要途径。与普通教育为培养学科相关人才而设置的学科专业分类不同，职业教育的专业设置是为满足从事相关职业所需掌握的技能培训需要而设置的，以行业、企业的人才需求为导向，面向职业岗位和职业岗位群。在职业教育追求内涵发展、质量提升的今天，尤其是我国在2008年为了应对经济危机，提出产业结构升级与调整战略后，职业院校更应该以行业、企业的人才需求来合理设置专业，优化专业结构。这就要求在进行专业设置之前深入行业、企业进行人才市场调研，以了解最新的人才结构情况，并以此对未来一段时间内的人才结构情况和行业、企业人才需求进行合理预测，结合不同学校的具体办学条件，拟定出不同专业的设置方案，并要遵循专业设置原则来优化专业结构、调整专业设置。

2.制定具有长远性和前瞻性的人才培养目标

现代学徒制人才培养的基础性环节就是确立培养目标。然而，现在有相当大比重的职业院校只将一般性的培养目标作为专业人才培养目标，而

没有为各个专业确立具体的培养目标。这说明部分职业院校对于专业与企业职业群的关系，对于经济新常态背景下企业对高新技术技能型人才的需求都缺少必要的认识。

职业教育作为教育的重要组成部分，有着独特的教育模式和专业人才培养目标。有三个主要特点：首先是职业性，专业人才培养目标定位的内涵就是职业性。其次是社会性，职业教育不仅包括在学校内的学生的职前教育，还包括在工作中的员工的在职培训，所以职业教育与社会就业关系紧密，人才培养目标的定位的价值取向就是社会学。最后是区域性，职业教育的人才培养目标要做到具体问题具体分析，要结合当地经济的发展现状，这也是其人才培养目标定位的地方特色。所以，要考虑到知识技能的职业性、学生类别的社会性和地方发展的区域性，这样才能制定出既符合实际又有前瞻性的人才培养目标。

从社会大环境来讲，21世纪出现社会信息化、经济全球化的科技高速发展的趋势，在国际社会的竞争中，技术技能型人才占据了重要位置。所以研究职业学校人才培养目标要将目光放长远，关注国际和国内的社会经济发展、科学技术的变革，以及产业结构的调整等方面的内容。从现代职业岗位体系来讲，如今职业和岗位更迭频繁，个人可以灵活选择创业和择业，现代职业岗位体系在不停完善，并有向高新技术靠拢的趋向。例如，西方各国近几年有数个传统职业消失，但又增设了数个高新技术技能型职业。世界经济全球化也就意味着人际交流与合作相比以往会更加频繁，每个人不是独立的个体，个人的工作岗位不可能完全独立地进行，也不可能是单纯地凭借一个专业的知识就能完成的，而是要处理许多非本专业的问题。所以每个个体都要学会与自己不同专业的人沟通交流。上述发展趋势对职业教育的影响，集中体现在社会对职业学校人才培养目标的要求和变化上，职业学校除了像普通教育一样设立培养人文素质的专业，还要树立培养学生解决实际问题的技术技能应用型的专业，引导学生个性化发展、培养其创新创业能力。只有这样才能培养出既有人文素养和创新创业能力，又有高新技术技能的高素质应用人才。

所以，学校制定人才培养目标应着眼于新兴产业的发展，预测未来产业动态。结合区域经济的发展，在产业转型升级的背景下，制定既符合实际又有前瞻性的培养目标。要根据现代学徒制培养高素质技能人才的规律和特点，分析当前影响学生成才的因素，寻求企业职业岗位目标需求与学生发展之间的契合点。这样制定出的培养目标才能体现企业对人才选取的诉求，促进学生积极参与的热情。在现代学徒制的培养方案制定中，要坚持发展性与针对性相协同的原则，促进学生在诸多方面的均衡进步与发展。要考虑到学生各方面素质的提高，譬如学生交流表达能力的形成、职业素养的积淀、实践操作技能的提升，促进学生全方位可持续发展。

3.建立健全现代学徒制人才培养机制

（1）市场人才调研分析

①市场人才需求调研分析。在社会主义市场经济背景下，职业院校进行人才培养不能闭门造车，要考虑到社会经济的变化、产业结构的变革和科学技术的进步，并随之不断调整现代学徒制实施的规模，而只有提前进行市场人才需求调研分析才能解决上述问题。虽然学校是现代学徒制人才培养的实施主体之一，但是学校拥有的社会资源有限，受到人力、物力、财力的限制。政府、企业和行业协会等相关组织应该竭尽所能为学校市场调研提供帮助。市场人才需求调研不但能准确反映行业、企业人才需求的变化，还能为学生顺利就业提供保障，树立良好的学校形象，为学校赢得声誉，更能防止教育资源的浪费。

②市场人才规格调研分析。市场人才需求调研使学校了解行业、企业对不同专业人才需求的数量变化，但仅仅止步于此，对于优化人才培养方式来说是远远不够的。学校还需继续调研分析行业、企业对专业人才的需求能力有哪些，分为几个层次和具体需要什么规格的技术技能人才。譬如，在实际市场需求中，数控机床的操作人员所占比例最大，达到了75%，而数控的编程人员和加工设计人员仅占20%，剩下的5%大多是数控管理人员。虽然，上述这些专业的人才同属于数控专业培养的技术技能人才，但是培养的人才规格和比例是不相同的。所以职业院校在进行人才培养之前，还要进行市场人才规格调研分析，掌握行业、企业对技术技能人才的需求规格和需求层次。

③人才培养调研分析。职业院校要兼顾社会效益和经济效益，不能顾此失彼。因此，学校对不同专业的人才培养要进行调研查证。人才培养调研分析不仅要注重专业设置的合理性和专业结构的优化性，还要注重经济效益。所以人才培养调研分析应该建立在前两个环节的基础上，邀请专家组成员进行调研分析，以市场人才需求调研和市场人才规格调研的结果为重要依据，既要有定性分析，又要有在此基础之上的定量分析。这样才能同时兼顾经济效益，使学校长远发展下去。

（2）人才职业调研分析

①人才职业面向调研分析。职业面向指的是本专业毕业生的就业岗位群和职业生涯发展的方向。而确立培养目标的前提条件就是对学生职业生涯发展方向和就业岗位群的确立。人才职业面向调研分析往往采用调查法，由于调查对象各不相同，对于职业生涯发展方向和就业岗位群的调查也不相同。就业岗位群的调查对象以近五年内的毕业生为主；职业生涯发展方向的调查对象以参加工作十年及以上的毕业生为主，并邀请企业一线工作骨干、人力资源管理者和企业的高层管理者等各层次专家组成委员会，讨论并分析出所调研的毕业生可能就业的若干岗位和职业发展方向。

②人才职业活动调研分析。在对上述调研结果进行分析汇总后，学校召开由各行业各企业专家组成的座谈会。通过借鉴德国、英国、美国等国家不同的职业分析法，根据调研结果，采用比较研究法，分析探索所研究专业的职业活动的具体情况，探索出适合我国国情的所研究专业的毕业生就业岗位群和发展趋势的人才职业活动范围，并归纳总结这些活动范围，构建出具有职业人才能力培养意义和岗位代表性的职业活动，绘制出所研究专业的人才职业活动调研分析表格。

（二）现代学徒制人才培养企业的职责分析

在现代学徒制的人才培养模式下，校企双方共同育人，所培养的人才以技术技能型为主。相比研究型、理论型的人才，技术技能型的人才更易受到产业、行业、企业等市场因素的影响。因此，现代学徒制的人才培养应该更有针对性和职业指向性，企业作为重要的育人主体，要以行业、企业需求为导向开展人才培养活动。

1. 企业参与人才培养的招生招工和学生管理

企业作为教育双主体之一，需要承担招生招工、确定学徒岗位的职责。国家在相关文件中指出，"开展校企联合招生、联合培养的现代学徒制试点，完善支持政策，推进校企一体化育人"。联合招生说明企业和学校要共同履行招生和管理的职责和义务，企业要以职业岗位需求为依据，即依据某个行业岗位或者一系列相关的职业岗位来进行人才招生工作，这才符合企业利益最大化原则。在德国、英国等国家的现代学徒制中，承担招生招工职责的大多是企业。联合培养指的是企业和学校要共同对学生进行组织管理工作，包括学生的岗位确定、日常出勤、学习实习、成绩考核、工作安全等方面，都要由企业担负起相应的责任，将学徒视企业的准员工，并提供学徒一定的福利待遇和工作补贴。

2. 企业参与人才培养的专业设置和课程建设

不同于以往的校企合作，专业设置和课程建设已不再只是职业院校的职责，企业也要参与到专业设置和课程建设中来。以行业、企业需求为导向，即以地方和区域经济发展为基础，以面向行业和企业生产、服务与管理的第一线为依据进行人才培养，以产业结构变化和企业人才需求变化为参照，设置人才培养的课程框架。这样培养出的学徒才能顺应社会经济发展，反映行业、企业需求。如果没有企业的总体掌控，就容易出现一些职业学校盲目追求经济效益，滥用手中办学自主权，抢办所谓的"热门"专业，造成各职业学校设置雷同专业，未能设置出符合本地区和企业的特色优势专业，浪费有限的教育资源的不良后果，教育教学质量堪忧。

专业设置和课程建设还要考虑到行业和企业的生产线的实际情况。由于企业生产第一线上的工作往往不是独立存在的，要运用多学科的知识技能才能完成。因此专业设置和课程建设也要加强学科与生产线工作的内在联系，以复合与交叉学科为创新，设置复合型专业。随着知识经济的发展，综合化趋势在制造生产与科学技术中都不断增强，对复合型人才的需求也逐步增加。

所以，企业也应顺应时代趋势，在现代学徒制中加强与职业院校的沟通，培养出真正适应自己需求的人才。

3.企业参与人才培养的教学组织和师资建设

首先，现代学徒制需要工学交替的教学过程，企业要积极参与到教学组织中来，利用自己在技术、设备、生产、经营等实践方面的优势，帮助职业院校实现内外教学实践资源的优化配置，建立校内外实习实训基地，保证工学交替的教学方法得以实现，强调实践教学。具体来说：在初期阶段，组织学徒到企业进行"识岗"活动；中期阶段，在企业进行"跟岗"工作；后期阶段，在企业进行专业实习和"顶岗"实习，企业要参与到教学组织的每个阶段中来。

其次，企业师傅是现代学徒制的教育实施主体之一，他们教学水平的高低决定着现代学徒制的成败。所以企业需要从技术骨干和资深人士中挑选出能胜任现代学徒制教学工作的师傅。挑选到符合条件的企业师傅后，还要制定企业师傅考核管理条例，通过精神和物质上的奖励来激励师傅参与到人才培养中来。这些都是企业在现代学徒制人才培养中应该担负的职责。

二、现代学徒制人才培养模式下的课程建设与教学组织

（一）现代学徒制人才培养模式下的课程建设

1.现代学徒制人才培养课程建设的基本依据与原则

（1）现代学徒制人才培养课程建设的基本依据

①我国职业教育人才培养目标。《国务院关于加快发展现代职业教育的决定》中提出，职业教育人才的培养目标是"坚持以立德树人为根本，以服务发展为宗旨，以促进就业为导向，适应技术进步和生产方式变革，以及社会公共服务的需要，深化体制机制改革，统筹发挥好政府和市场的作用，加快现代职业教育体系建设，深化产教融合、校企合作，培养数以亿计的高素质劳动者和技术技能人才"。《中共中央关于全面深化改革若干重大问题的决定》中提出"加快现代职业教育体系建设，深化产教融合、校企合作，培

养高素质劳动者和技能型人才"。职业教育在不同时间阶段有不同的人才培养目标，但是岗位职业技能、专业技术知识和职业素养作为其核心内容一直未改变。

②国际普遍认可的人才培养标准。西方各国职业教育人才培养标准虽然不尽相同，但是要求基本相似。例如，开展现代学徒制取得良好效果的英国，其建立的国家技术标准体系非常完备，体现在以下四方面：首先，学徒要通过学习专业理论知识和训练专业技术技能，达到专业技术的考核标准，这与我国"学分制"相似；其次，学徒在此之后要通过职业资格考试，方可获得职业资格证书；再次，学徒在学习通识通学课程后，需要达到规定的通用能力标准，如信息处理能力和学习能力等；最后，学徒要有相应的职业素养和道德修养，恪守国家相关法律规定，履行对企业应尽的义务，企业也要保障学徒应有的权益。我国是通过学徒与学校、学徒与企业之间签订现代学徒制人才培养协议的方式来保障企业和学徒双方权益的。因此，我国职业学校的人才培养目标与英国等西方国家现代学徒制人才培养标准具有一致性。

（2）现代学徒制人才培养课程建设的基本原则

由于现代学徒制实现了校企双主体、双重环境育人，若是沿用以往校企合作的课程体系来培养学生是不合时宜的，所以要对其课程，即学生学习的主要载体进行重建。当前的职业院校教学内容与课程体系设计仍没有摆脱普通教育教学设计的束缚，即教师在进行课程建设时，还是将系统地传授知识作为建设主线，职业岗位任务技能并不能很好地融入课程建设中，只是强调了职业教育的知识性，而弱化了职业性。同样，只强调职业性而弱化知识性也是不可取的，如果只依据工作岗位任务要求来组织教学并传授课程内容，就会使学生所学内容缺乏以技能知识培养为主线的系统训练和学习。上述两种课程设计方式均不利于学生全面发展，不利于学生成为高新技术技能人才。

所以现代学徒制要在新型人才培养目标的指导下，使职业院校教师、企业师傅和课程专家积极参与并兼顾职业教育的知识性与职业性，对课程框架科学分析，开发教学标准，设计符合企业实践和学生理论学习的课程内容，同时要根据实际情况，动态地发展、完善课程框架，不断总结、更新课程内容。

2. 现代学徒制人才培养课程框架的构建

（1）课程开发与课程模块组织

课程指的是在校学生应该习得的各种学科及学科的安排与进程，是构成课程体系的最小单位。课程体系框架是指将课程的各个构成要素加以排列组合，是提高和保障教育质量的关键条件。课程体系框架包括课程观、课程内容、课程目标、课程活动方式和课程结构等要素，其中课程观起着统领作用。现代学徒制课程框架的最小单位是课程，课程模块是组织结构单位。

根据《教育部关于制定中等职业学校教学计划的原则意见》要求，职业学校的课程分为两大类，即公共基础课程和专业技能课程。国家按照职业教育课程政策统一安排公共基础课程的内容，专业技能课程按照职业生涯发展规划和毕业生就业职业岗位，分为专业技术平台课程和专业方向课程。专业技术平台课程指的是各个职业岗位发展方向都需要学习的基础课程；专业方向课程指的是根据不同职业岗位发展方向划分的具体课程。再结合上文提到的我国职业教育人才培养目标的核心内容（岗位职业技能、专业技术知识和职业素养），可以将现代学徒制的课程框架分为以下几大模块：公共基础课程模块、专业技术知识课程模块、职业岗位方向课程模块和学徒职业发展规划课程模块。

①公共基础课程模块。公共基础课程模块的培养目标在于培养学生的职业素质、人文素质和思想道德等方面的能力，包括公共选修课程和公共必修课程，与英国的通用基础课程的设置相类似。企业也是课程建设的主体，建设此模块时可与企业文化相结合。企业文化极大地影响着学徒的内心体验和情感共鸣，当学生在课堂上学习的理论知识和职业素养与企业的文化环境、工作氛围和价值观念相契合时，不仅使学生对所学的理论知识和道德素养有了进一步的认识，而且还有利于学生职业信仰的形成与内化。

公共基础课程模块主要包括思想政治理论课、马克思主义理论课及语文、计算机、英语、企业公文写作等德育课和文化基础课程的学习，其中思想政治理论课、马克思主义理论课要按照国家教育课程政策统一安排教学内容，但是课程的教学方式是多种多样的。英语、计算机、企业安全教育、企业文化教育等其他课程的教学方式、教学内容可以更加灵活多变,按照学校和企业实际进行课程设置。这个课程模块的学习可以为学生以后的职业定位、职业生涯规划打下坚实的基础,使学生具备基础的文化知识素养、职业素养和通用职业技能。

②专业技术知识课程模块。专业技术知识课程模块的培养目标在于提升学生的专业能力,学习同一行业各个职业岗位发展方向都需要学习的基础课程,即满足不同企业共同需求的基础专业知识技能,具有灵活运用所学知识解决实际问题的能力。本模块的课程建设需要从职业岗位的能力着手分析,以不同企业的同类岗位为基础,培养的人才能够胜任多种工作,即培养其行业通用性。为了达到学以致用,而非纸上谈兵的目的,专业基础知识技能的学习要建立在解决实际工作问题和为工作岗位服务的基础之上。

专业技术知识课程模块应该包括专业通用理论知识体系和专业通用技术技能体系,要体现职业教育的职业性特征。该模块的课程均为专业必修课,学生要通过所有课程的考核,才能获取相应的学分。这个课程模块的学习使学生获得职业基础技能,能够顺利完成同一行业职业岗位通用的工作任务。

③职业岗位方向课程模块。职业岗位方向课程模块的培养目标在于,培养学生拥有不同职业岗位发展方向划分的具体岗位的基本技术技能。本模块的建设依据是现代学徒制合作企业的具体岗位用人标准和岗位核心技术技能标准,并参考职业资格考试要求,开发两个及以上的职业岗位方向的专业课程模块,供学生自由选择。课程教学方式以师傅带徒弟为主。

职业岗位方向课程模块的构建要从分析现代学徒制合作企业的职业岗位能力着手,用于培养特定岗位的具体职业岗位技能。所以要依据合作企业需要的职业岗位类型来设置课程模块的内容,让学生自主选择,既保障了学生学习的主体地位,调动其学习主动性,又解决了合作企业的用工需求。

④学徒职业发展规划课程模块。学徒职业发展规划课程模块的培养目标在于,依据各个学生不同的职业观和兴趣爱好,培养学徒职业素质,培养其严谨认真的工作态度、良好的职业道德及协同合作能力。

本模块的课程建设要依据不同职业岗位的发展规律,从学徒的职业发展规划着手。学徒根据自身的职业价值取向来选择课程，学校、企业联合选出企业的技术骨干，以师傅带徒弟的教学方式，在顶岗实习期间因材施教。

（2）课程框架构建的基本方法

①构建课程框架的入手点。在构建课程体系框架之前，需要调研行业和合作企业的用人需求，根据调研结果确定行业通用职业岗位和合作企业职业岗位的不同需求。现代学徒制课程建设的入手点是职业岗位的能力分析，通过分析行业通用职业岗位基础专业知识技能，以及合作企业职业岗位核心知识技能，明确职业岗位的工作内容和任务，对各个工作内容和任务进行职业岗位的能力分析，总结出职业岗位需要的通用职业岗位基础技能和核心知识技能。

②课程框架的确定。基于职业岗位能力分析结果，依据国家相关的职业资格认定标准和现代学徒制合作企业用人标准和工作岗位活动分析表，结合培养高新技术技能型人才的目标要求和职业岗位实际工作流程，运用职业教育课程框架构建方法，对课程结构进行设计，形成课程框架确定表，其中包括公共基础课程模块、专业技术知识课程模块、职业岗位方向课程模块和学徒职业发展规划课程模块。然后，依据各个职业岗位发展的不同方向，确定学生不同的职业生涯规划，规定哪些课程是必修课，哪些课程是选修课。

③课程体系的构建。根据学生发展认知规律，注重课程内容与职业标准相对接，打破以往职业教学课程体系框架，结合实际工作岗位来构建课程体系框架。课程体系的构建流程如下：第一，进行职业岗位调研，确定所设专业课程面向的职业岗位。第二，职业岗位内容和任务分析，明确职业岗位的详细工作流程和工作内容。第三，职业岗位能力分析，确定各个职业岗位工作内容要求的职业知识与技能。第四，基于实际工作流程开发、建设通用基础课程，构建职业岗位方向课程模块。第五，基于合作企业不同岗位的特殊用人需求，增设新的专业企业课程，即依据合作企业需要的职业岗位类型来设置课程模块的内容，让学生自主选择，解决合作企业的用工需求。第六，设置不同专业都要学习的计算机、英语等公共课程，构建公共课程模块，为

进一步培养学生的职业素质、人文素质和思想道德等方面的能力，开设学徒扩展课程模块。第七，依据企业实际工作流程确定开设课程的前后顺序，逐渐形成专业课程的教学进度表。

（3）创新开放式的教学标准、教学计划

前面提到的教学组织结构化，也需要在现代学徒制中通过规范的、统一的教学标准和课程框架、教学计划来实现。所有开展现代学徒制的国家，都制定了相对统一、创新、开放式的人才培养教学标准和课程框架。例如德国有两个教学标准，一个是职业培训条例，另一个是框架教学计划。前者是针对企业的实践培训，由联邦政府、各州政府、工会组织和企业家联合会四方商讨制定的，此条例对职业培训的名称、培训的时间、进度安排，以及考核标准都做出了细致的要求。后者是针对职业院校的教学，由各州政府依据教育与文化事务部长联席会议，通过复杂的程序商讨形成的，此计划则按照职业培训年限划分，对学习时间、学习目标、学习内容和学习范围做出了细致的要求。这两个文件使每个职业岗位都有详尽的系统任务分析，具体的教学计划则是在其之上制订的。例如：系统任务分析由德国联邦职业教育研究所的专家组织、工会、行会人员完成，这就保证了教学过程与生产过程相对接；瑞士的教学标准文件为职业培训条例，瑞士政府规定企业要向社会和职业院校提供本企业的职业培训教材和方法，这是企业在学徒制人才培养中的责任；澳大利亚的是培训包；英国的是学徒制框架。上述国家都是现代学徒制实行比较成功的国家，其共同点是教学标准和计划都由政府级单位组织行业、企业和职业院校共同商讨制定，对现代学徒制人才培养所应达到的理论知识和技术技能水平做出了统一、细致、明确的要求，甚至详细地规定了教学组织的具体方式和内容，并要求所有实行现代学徒制的学校和企业都要按照此教学标准进行人才培养工作。所以企业的职业岗位需求和学校毕业生数量的对应，减少了毕业生就业供不应求或者供大于求的问题。

现代学徒制对职业院校以往的教学组织管理提出了新的挑战，如在教学时间地点的安排、学分的管理和课程管理等方面要重新建立标准。对此，职业院校要基于以往教学组织管理经验、学生的成长规律和企业需求，建立创新开放式的教学组织制度，使现代学徒制人才培养工作正常进行。首先，要建立机动灵活的课程安排机制，课程的安排要做到既满足学生在企业实习实训的需要，又不影响企业正常的生产运行，要以企业生产运行为依据机动灵活地安排课程。例如，安排职业院校教师到企业为学生进行公共基础课的教学，为学生去企业实习实训设立企业学校周或学习月，等等。其次，创立对企业课程学分的认定机制。职业院校和企业共同商讨制定企业课程的认定标准，认定学生在企业实习实训期间的课程学分。最后，要创立学校课程学分和企业课程学分的互换机制。为了激发学生去企业实习实训的积极性，可以创立学校课程学分和企业课程学分，依照一定比例和要求进行互换机制。用灵活机动的教学组织方式使现代学徒制的人才培养工作顺利开展下去。

（4）课程的授课方式

现代学徒制的课程授课主要采用工学交替的方式，分为以下四种类型：理论集中授课、实际岗位培训、企业基本培养和专项任务训练。理论集中授课主要指的是在学校或企业以班级为单位集中进行理论知识学习的教学方式；实际岗位培训指的是在企业岗位由企业师傅指导下，以学生为活动主体的师傅带徒弟的形式进行教学的实践方式；企业基本培养指的是企业定期去学校进行专题讲座或者在实训基地和实际生产岗位进行操作演练的教学方式；专项任务训练指的是在教学活动中设置多个训练任务，训练学徒在工作岗位中独立进行生产任务的教学方式。现代学徒制上课次序要以实际工作过程的次序为导向，课程考核要由理论知识考核与以技术技能考核为主的岗位培训考核和任务训练考核共同组成。教学进度表中要标明各个课程的考核时间和考核标准，具体的考核评价标准和成绩比重由学校教师和企业师傅联合设计制定。

（5）课程内容——教材的编写

现在的职业教育教材水平往往不高，由于职业教师自身理论基础不扎实、理论知识更新换代慢、实践经验不足，编写出来的教材理论高度不够、与实际生产脱节、没有新工艺新技术。所以现代学徒制的教材编写要体现企业实际工作过程，教材的编写要遵循以下原则：第一，要有创新性和启发性，有利于启发学生创新能力，培养新型技术技能型人才；第二，要有前瞻性和先进性，由于课程内容是根据教材内容讲授的，为保证学生所学知识的先进性，教材的编写要有前瞻性；第三，要有理论性和实践性，即教材的编写要有丰富的理论知识做支撑，并且要将理论知识与企业生产实践相对接，还要与学生职业生涯规划和未来就业相联系。

3.现代学徒制人才培养课程建设主体的互动机制

现代学徒制课程建设的主体是政府、学校、企业和课程专家。其中，政府在课程建设中起着主导作用，政府通过顶层设计与系统规划，为课程的建设提供政策保障和财政支持；学校是课程建设的重要主体，参与课程开发建设的全过程；企业决定着现代学徒制课程建设的结果，是课程建设的关键所在，为课程建设提供所需的职业能力和真实的岗位信息；课程专家是课程建设的指导者，掌握着课程建设的理论和技术，影响着课程建设的水准和进程。接下来将探讨四大主体各自的职责和互动关系。

（1）政府是课程建设的主导，规范课程框架

政府相关部门应该在现代学徒制课程建设中发挥重要作用，将现代学徒制纳入正规学制，提高其社会声誉。针对当今实行的学徒培养制度来构建全国统一的课程体系框架和职业标准，从过程和结果两方面来完善现代学徒制的人才培养计划。同时，可以参考西方发达国家的实践和经验来制定并实施现代学徒制课程建设方案和细则。例如，德国的"职业培训条例"和"框架教学计划"，前者是由行业协会发布用来进一步规范企业培养的制度，后者是由州政府颁布用来进一步规范学校培训的制度。国家层面制定的、全国统一实施的职业教育课程标准还有澳大利亚的"培训包"和英国的"学徒制框架"。两者都详细规定了对学徒培养所采取的教学方式和教学内容，甚至精确到学徒接受培训后所应达到的知识水准和能力水平。这些规章制度和职业标准框架保障了学校的培养水平和企业的培训质量，以防企业因积极性不强而采取投机行为。在政府的顶层设计下，行业协会、企业和学校共同进行现代学徒制课程体系的组织和管理。由于我国各地社会经济水平差距较大，全国统一的课程体系框架和职业标准只是针对学习期限、内容、评价标准等方

面的原则性规定，是现代学徒制人才培养的最低要求。各地的企业和职业院校应该因地制宜，结合自身实际情况制定出符合自身发展的课程内容与课程框架。

（2）学校是课程建设的主体，参与课程开发全过程

职业院校是现代学徒制课程建设的主体，要树立校企合作培养人才的理念，将学校的专业设置、课程建设、教学组织和质量考核评价方式与企业职业岗位要求结合起来，使企业也作为人才培养的主体积极地参与到课程的开发和建设之中。在课程的开发和建设中，学校教师除了要以培养学生职业道德、职业精神、职业能力为出发点，重视以文化基础课为传统的理论教学，还要将企业职业岗位需求作为学校课程建设的重点内容，与合作企业围绕实际的工作过程所需的知识技能，开发核心课程并构建核心课程组，使学生提前对未来工作环境有所认知。在实际教学过程中，要以培养学生的职业技术技能为导向来变化教学方式，重视对学生实践动手能力的考核，重视对学生实践操作课程的考查，寻找最符合本校的质量考核体系和课程评价体系。

在现代学徒制的课程建设过程中，职业学校要牢固树立培养高新技术技能型人才的办学理念，明确自身定位的同时学会换位思考，树立合作共赢的意识，寻找学校与企业合作开发课程的共赢点。保障合作企业的经济利益，提高职业院校服务社会的职能，使企业积极参与到现代学徒制人才培养之中，改变以往学校在校企合作中"一头热"的窘境。

（3）企业是课程建设的关键，决定课程建设成果

企业是课程建设的关键所在，决定着现代学徒制课程建设的成果。企业应该从长远利益出发，积极参与到现代学徒制课程建设中去。因为学校培养的高新技术技能人才绝大多数会成为企业未来的员工，企业和学校其实是互补性的关系，而且企业是现代学徒制的最终受益者，所以企业应该挑选出职业岗位中的技术骨干，让其参与到课程建设中，并到职业院校中了解课程内容的设置、参与课程体系的构建和学生培养工作的整体过程，为职业学校的课程建设出谋划策。

企业自身也应该加大对在职员工的培训力度，提高在职员工的科技水平

与创新研发能力，拓展企业技术骨干参与课程建设的广度和深度。企业应该充分利用现代学徒制课程建设中合作院校的优势资源，提高自身的科研水平，提升自身的管理水准，规范企业人员培训制度，提高在职员工文化素养，提升企业的核心竞争力和社会声望。

（4）课程专家是课程建设的指导者，影响课程建设质量

课程专家是现代学徒制课程建设的指导者和管理者，掌握着课程建设的一般理论和方法，影响着课程建设水准和进程。课程专家为学校教师提供课程建设的一般知识与基本方法，并预测在实施过程中可能会遇到的问题和应采取的方案，其具体职责如下。

首先，课程专家要主持课程建设与职业技能探讨会议。此会议由课程专家引导企业专家思考自身工作经验并列举职业岗位的具体工作内容和需要具备的职业技能，这是整个课程建设的开端。后续的课程建设工作，如课程内容的设置、课程评价标准的制度，以及教学过程、教学设计等项目都要以此会议探讨的结果作为基础。此后，校企双方共同修订人才培养方案。邀请人才培养方面的教育专家对现代学徒制人才培养方案展开讨论并汇总专家的观点意见，参照职业教育毕业生就业情况的统计年鉴和专业发展状况，制定出本专业相关的职业岗位需求。然后在课程教育专家的主持下，邀请多位企业专家成立岗位任务分析组，按照前面提到的课程框架构建方式，完成课程设置方案，将职业岗位任务变为需要学习的专业课程，做到课程内容与职业标准相对接。在此基础上，校企教学团队需要多次讨论修订，结合对学生职业道德多方面综合素质的要求，最终审核通过人才培养方案。

其次，课程专家要指导管理课程建设进度。课程建设过程包括架构专业课程体系、编制专业课程标准、编制项目教学方案、开发项目课程教学资源和教材编制等主要环节。对于熟悉传统职业教学模式和学科体系的职业院校教师来说，独自进行课程建设难度很大。所以课程专家要在课程建设的重要节点上对教师进行指引，掌控好课程建设的进度，确保课程建设的每个环节都能够在不偏离大方向的基础上顺利进行下去。

最后，课程专家要评估课程产品质量。课程建设工作耗时长、项目多、

过程复杂且变数多。它的成败关系到现代学徒制参与的学校、企业和课程专家等多个利益主体。因此，要由课程专家对研发出来的课程产品的质量进行把关，保证每个环节都环环相扣、毫无差错，使现代学徒制合作的学校和企业都受益于课程建设的最终成果。

（二）现代学徒制人才培养的教学组织

1. 教学组织的结构化

教学组织指的是教学活动过程中教师和学生的组织方式及教学时间和空间的安排方式。不同的教学组织方式会影响学生智力的形成、知识的获取和人格的培养。传统的教学组织管理模式不利于现代学徒制工学交替的人才培养方式。因为与传统学徒制相比，现代学徒制的教学组织从非结构化到结构化，发生了很大改变。现代学徒制在教学组织上的表现就是工学结合和校企合作，许多学者对此已进行过探讨，但往往忽视了这一特征出现的技术方式，即教学组织的结构化。所谓结构化在职培训是指由资深员工在工作现场或与工作现场类似的地点培训新员工，以开发新员工工作能力的一套有计划的程序。其核心特征是培训的计划性。

（1）教学组织从非结构化到结构化的转变

在传统学徒制中，生产与教学虽然合二为一，但是教学方式以试误和模仿为主，企业师傅的职业素养和技术技能对人才培养的质量影响非常大，教学活动的发生有随意性，教学组织是非结构化的。而现代学徒制与之相反，要求有较高的教学质量、多元化的教学队伍以及规范的教学场所和教学环境，所以现代学徒制要求结构化的教学组织方式。体现在以下三方面：第一，在教学主体上，现代学徒制拥有企业、职业院校两大主体，两大教学主体要合理分配教学任务。第二，传统学徒制的教学队伍往往有1~2名教师或者师傅，现代学徒制与之不同，拥有由专业带头人、学校优秀教师和企业技术骨干组成的多元化的教学队伍。企业里不同职位的师傅和职业院校里不同课程的教师也承担着不同的教学培训任务，企业和院校也在教学任务上进行合理分工。第三，由上文可知，现代学徒制拥有不同于传统学徒制的教学主体和师资队伍，所以教学组织需要进行结构化的设计，来保证人才培养的教学质量和规范统一。

（2）实行柔性化管理和弹性学制

在建立新型教学组织方式的过程中，职业院校在教学组织管理中急需解决的问题是学校教学任务的连续性和企业实际生产的不确定性之间的矛盾。教学管理过程中要树立以学生为中心的教学理念，要依据培养过程中学生发展的共性和个性需求选择教学组织方式，实行校企共同参与的柔性化的教学管理模式和弹性学制。校企双方共同实施课程管理，共同评估高技能人才培养绩效，为现代学徒制人才培养提供教学组织管理上的支撑。

①柔性化管理。柔性化教学管理模式是指学生在现代学徒制人才培养中有学生和学徒两种身份。作为学生则使用学校的管理机制，而作为学徒则使用企业的管理机制，要灵活实行工学交替的教学组织方式。在此期间，理论知识与实践技能之比以 3∶7 为宜。学生 1/3 的时间在学校接受理论知识和道德素养的学习，2/3 的时间在企业进行技术技能和职业岗位的培训。这种柔性化的教学管理模式使学生就业前景更加明确，增加了对未来工作岗位的适应性，大部分学徒毕业经过考核后能够留在合作企业中就业。

②弹性学制。弹性学制指的是区别于传统学徒制的三年固定学制，学生学习时间较灵活，具体实施过程富有弹性。现代学徒制的最短学制是两年，针对已经习得关键职业技术技能的学徒来说，学习培训时间可以再适当缩短。现代学徒制坚持因材施教原则，每一位学徒可以根据自身已掌握的知识技能状况提供一份培训计划，计划中明确自己应达到的任务目标，但是学习方式和学习时间可以不固定，按照自身情况循序渐进完成。

2. 优化教学场所，建设实训基地

作为现代学徒制专业教学的重要组成部分，实践教学应存在于现代学徒制人才培养中的各个部分，这是实现现代学徒制人才培养目标、提升技术技能型人才培养质量的重要环节。所以建设实训基地是现代学徒制教学组织与管理的重要工作。实训基地的建设包括校外和校内两个方面。校企双方应该联合统筹好校外、校内实训基地的建设工作。

（1）校内实训基地的配备

校内实训基地应该以培养学生职业道德、职业素养，提高学生核心操作技能为主要任务。依据学生技术技能训练的需要和企业需求，学校和企业应该联合设立设备先进、功能齐全的校内实训基地。首先，要有贴近企业实际工作场景的职场环境，为学生营造企业岗位实际工作氛围；其次，要选择比较典型、有实践意义的产品或者项目进行开发研究，这样有利于学生独立完成工作任务，明确工作过程完整的综合实训项目；再次，要争取合作企业资金支持，建立具有良性运行机制的、以实际生产工作为基准的实训基地；最后，要拥有以实际生产工作为背景，支持技术技能训练和创业创新培训的教学实践场所和设备，以及建立与之相配的规章制度、教学文件和管理运行机制。

（2）校外实训基地的配备

校外实训基地应该以巩固学生理论基础知识的学习，使学生与企业工作岗位零距离接触，以及提升学生基本职业技术技能为主要任务。职业院校和企业要联合建立校外实训基地，保证各个专业90％以上的学生能够在此顶岗实习一年，并在此基地找到与其职业生涯发展相对应的实训场所。此外，还要建立与之配套的校外顶岗实习规章制度、管理运行机制和教学管理资料等。教学管理资料包括学生校外实习记录、学生校外实习鉴定表、教师校外实习指导方案、校外实习规划手册和企业校外实习督导计划等。

为实现教学过程与生产过程的对接，要以行业、企业需求为导向，按照真环境育人、真项目训练、真设备操作的要求，建设学习实训一体的教学基地，并形成校办企业型、教学工厂型和校企共建型等多种灵活机动的实训基地模式。具体教学实施中做到学做合一、产教对接、校企联合。只有这样才能使教学过程与生产过程不脱节，使学生的实践操作技能全面提高。

3.创新教学组织形式，真正实现工学交替

（1）创新工学交替的教学运行机制

以教学过程为校企合作教学组织的重要环节，实施职业院校教师和企业师傅双导师负责的课程教学工作，确定各个教学环节的要求和内容，推进现代学徒制教学工作的展开。具体的教学运行管理工作如下。

①校企双方共同布置教学任务。依据人才培养方案，校企双方共同布置教学任务。核心的专业课程教师要采用双导师负责制，按照课程内容选择适合的学校优秀教师和企业技术骨干，共同完成教学工作，其中理论知识与实践技能之比以3∶7为宜。

②校企双方共同进行教研工作。学校教师和企业师傅在分析所教课程与其他课程的前后联系和在整个现代学徒制人才培养课程体系中的作用、地位之后，讨论课程的教学方法、重点与难点等内容。为了确保课程内容与职业标准对接，教学过程与生产过程对接，对教学重点与难点采取集体备课的方式，且集体备课的方式在比例上以大于等于30%为宜。

③校企双方交替完成授课工作。校企双方组成的教学队伍要优势互补，课程改革坚持"教、学、做"一体化原则，培养知行合一的新型技术技能型人才。根据课程特点和内容选择适当的教学场所，要充分利用好校内和校外实训基地，保证实践课的课时总数。职业院校教师和企业师傅交替进行知识和技能课程的传授，使理论与实践紧密相连。

④校企双方共同督导教学工作。学校和企业要联合督导实行现代学徒制班级的教学工作，由职业学校牵头，联合合作企业成立教学督导组。督导组分为学校教学督导组和企业教学督导组，分别负责督导学生在学校和企业的学习情况，并定期向学校和企业做督导汇报，以保证学生的学习质量。

⑤校企双方共同评价教学效果。现代学徒制的教学队伍要改革以往的专业课程评价模式，推行校企双方共同考核的评价模式。例如：每个学期从每个专业中挑选出3～4门核心课程，校企双方共同商议考查内容和考查方式；再挑选1～2门主干课程，完全由企业掌控考核主导权，并与该课程在校内的常规考核相对比；学生完成所有课程的考核后，在毕业前要接受企业命题的综合技能考核，并将考核结果纳入"现代学徒制人才培养考核与录用方案"中，作为合作企业最终考查和录用人才的依据。

（2）创新工学交替的教学过程

现代学徒制需要创新工学交替的教学过程，学校与企业可以优化内外教学实践资源的配置，利用好校内外实习实训基地，并利用企业在技术、设备、生产、经营等实践方面的优势，按照学校和企业的实际状况实施工学交替的教学方法，强调实践教学。

①初期阶段，现代学徒制全方位准备工作和企业"识岗"活动。在此期间，学生主要是在学校学习理论知识，包括公共基础课、专业理论知识和基本专业技能的学习，同时教师要有计划地、系统地向学生介绍现代学徒制工学交替的教学方式，使学生做好思想和策略上的准备，也使学生对中期阶段和后期阶段去企业实际工作有整体预知，并培养其适应未来工作需要的职业素养。在学习过程中，学生可分阶段、分批次地去企业参观调研、参加企业讲座、学习前沿技术，熟悉企业实际的工作流程和工作环境，初步认识所学专业对应的职业岗位基本要求，然后继续回到学校学习专业基础课程。教学组织形式可以灵活多变，理论知识的学习可以一周在学校进行、一周在企业进行，做到工学交替。

②中期阶段，在企业进行"跟岗"工作。经过初期阶段的准备和学习，中期阶段学生以学徒身份进入企业实习实践，企业选拔能工巧匠来作为学徒的师傅，带领学生进行"跟岗"工作。一方面，学生在与企业师傅的相处和学习中，可以从企业实际工作环境中逐渐建构自己对生产经营过程的认知；另一方面，企业师傅指导学徒观察、模仿并学习实际工作所需的技能，在实践中验证理论知识的正确性，并解决实际问题。在此期间，学生实践操作水平得到大幅度提高，并激发其学习兴趣。在一定的实践经验之后，学生再回到学校进行理论知识的学习，而接下来的学习主要针对实践中遇到的困难，有针对性地选择学习内容，并为下一阶段的实践做准备。

③后期阶段，在企业进行专业实习和"顶岗"实习。理论上，经过前期和中期阶段的学习和实践，学生很快会适应企业实际的岗位工作。所以在此时期，理论课程的学习基本结束，学生再次进入企业做学徒，先是进行专业实习，然后是顶岗实习。专业实习期间由专职师傅点拨，系统地学习工作岗位所需的实践技能，进行岗位职业能力实践活动，顶岗实习期间由各个岗位工作人员进行生产性实训，一个师傅带4~8名学徒，组成学习工作小组，保证学徒能学会所教技能，并按照企业班组的模式进行管理，完全按照企业

正式员工的要求安排工作内容和作息时间，使其完成从学生到学徒，从学徒到企业准员工的转化。最后，学生获得学校的学历学位证书和岗位的职业资格证书，成长为适应岗位需要的高技能技术人才。

综上所述，现代学徒制的教学组织方式包括学校教学、专业实习和岗位就业。合作企业要依据实际需要，列举所需人才的要求，并由此构建人才培养框架。职业院校要按照企业需求制订教学计划，改进教学组织方式。这样既解决了企业用工难的问题，省去了学生入职后再培训的工作，也缓解了职业院校学生就业难的问题。

（3）创新工学交替的教学方法

①行动导向教学法。行动导向教学法指的是根据完成某一职业工作活动所需要的行动，以及从业者的内在调节机制来设计实施和评价职业教育的教学活动。行动导向教学法能够将学习过程与行动过程合二为一，强调知行合一地进行教学。要将行动作为学习的目的、作为学习的途径，而非纸上谈兵。学生要作为行动导向教学法的重要主体，积极地参与其中，提升自身的职业能力，使自身的理论水平和实践水平同步提高。

行动导向教学法的教学过程需要教师和学生双方一同引导。现代学徒制运用行动导向教学法在学校模拟的或者企业实践的校内外实训基地中系统地并有针对性地组织学生学习，要全程参与其中，包括制定、实践、评估和反思教学活动的每个环节，并及时解决其中出现的问题。通过解决发现的问题，学生能够反思学习过程，最终达到所需的理论知识储备与实践能力。

现代学徒制中运用行动导向式教学，不只涉及以行动为导向的教学组织、教学内容这两方面，还包括以行动为导向的专业设置、课程建设、考核标准等多个方面。具体来说：以企业实际的产业需求来确定专业设置的内容；以企业实际的职业标准和工作岗位能力来确定专业课程教学内容；以企业实际的生产过程来确定教学过程，参照岗位要求来确定考核标准。按照工艺流程来划分教学模块，以保证每个教学内容的相对完整，除了传统授课的教师讲、学生听，行动导向式教学要求学生和教师以行动来实践教学过程，这才是其实现的前提和根本保障。

②渗透式教学法。渗透式教学法的含义是教育者依据特定教育目标，借助特定平台，营造特定环境，使受教育者的能力在感染和陶冶中得到优化。此教学法要凭借一定的平台，这个平台可以是自然环境，也可以是社会硬件或者社会软件，令教育资源及教学要求受其浸润，教育者可以借助这样的资源氛围创设教育教学信息。

现代学徒制运用渗透式教学法，让学生不再只是受教育者，而是要积极参与到教学中来。学生要发挥自己的主观能动性，在教学目标、教学计划的整体要求下，找到自己的兴趣爱好，根据自身实际情况来制订学习计划、模拟学习情境。渗透式教学法能够提升学生的参与度，发挥其主观能动性，培养出符合现代学徒制要求的实践技能人才。

学校教师和企业师傅作为教育的双主体要发挥主导作用，现代学徒制由于运用渗透式教学法，更加注重知识的融合与渗透，要多层次、多角度地分析问题、解决问题，这就对学校教师和企业师傅的教育教学水平提出了更高的要求。所以教师和师傅不仅要具备传统的理论知识、职业素养和职业技能，还要具备将教学内容和信息资源创造性地加工、整合的能力，熟练地运用与教学相关的原则和策略，根据不同的学生因材施教。

三、现代学徒制人才培养模式下的师资建设

师资建设是现代学徒制内涵建设的重要组成部分。拥有一支专兼结合、结构合理、水平较高的专业教学团队是现代学徒制实施的关键所在。师资建设的重点要放在"双师型"教学团队的建设上。只有在校企合作、工学结合的基础上建立起的"双师型"教学团队，才能使职业院校的任课教师与企业工作一线的技术骨干结合起来，才能做到教育双主体育人，才能实现现代学徒制人才培养问题上的新突破。

（一）现代学徒制人才培养师资队伍的组成

现代学徒制的师资教学队伍应该是一支专兼结合、结构合理、水平较高的专业教学团队，在此团队中应有两名在专业领域具有特殊影响力的专业带

头人，包括一名学校教师、一名企业师傅。师资团队的中坚力量应该是双师型教师，所占师资团队总人数的比例以大于 60% 为宜。同时，所占比例以较大的是企业师傅，由企业挑选出来的技术骨干组成兼职教师，其所占总人数的比例以大于 25% 为宜。要想组成一支优秀的专业教学团队，不仅要控制好不同职责教学人员的比例，更要对教学人员内在的知识技能水平严格把关，具体要求如下。

1. 专业带头人

作为学校和企业的专业带头人，要有职业教育专业敏感性和预见能力，能够把握专业发展方向，拥有教研教改能力、课程开发能力和学术研究能力；要能统领专业教学团队，还要有组织协调能力，如组织企业和学校之间横向课题的开发与研究、双向挂职锻炼、人员互聘共用等。在专业带头人的带领下，整个专业教学团队才能够进行模块化、层次化、一体化的课程体系教学。

例如，专业带头人可以组织企业和学校之间横向课题的开发与研究，带动校企之间的联合技术研发。专业带头人要调动职业院校积极参与校企联合开发横向课题的积极性，争取合作企业和相关部门的支持。通过对横向课题的开发与研究，提高职业院校教师的科研创新能力，提高企业技术骨干的科研理论水平，提高企业产品的市场竞争力和科技含量。在专业带头人带领下进行横向课题的开发与研究，不但能提高校企参与人员的理论水平和科研技术能力，而且能为企业带来良好的社会声誉和经济效益，更有利于整个专业教学团队凝聚力的提升和科研水平的提高。

2. 学校骨干教师

骨干教师指的是能独自完成两门及以上专业核心课程教授任务的教师。骨干教师应能运用课堂理论知识教学、企业现场教学和远程辅导等多种教学方式，能积极参加教学改革和课程标准开发，并且进行过相关教研课题研究，参加过专业的标准开发和实习实训室的建设。同时，骨干教师还要具备成为"双师型"教师的能力，有完备的理论知识系统和丰富的实践工作经验，能够基于实际工作过程进行教学设计。职业院校可以将指导教师的企业实践和技术服务能力作为教师考核的重要内容，并作为教师专业技术职务晋升的依据之一。对于积极参加现代学徒制人才培养的教师而言，职业院校应当在评奖评优、福利待遇方面有一定的政策倾斜，调动起教师工作的积极性。

与此同时，还要注意教师的转岗和适应性问题。因为学校在现代学徒制的实施过程中，势必会根据合作企业的要求，重新规划重点专业设置，调整课程安排，这样会导致相关专业并、转、停、关，而相关专业的教师可能会因此处于无课可授的尴尬境地，这对于拥有"铁饭碗"的职业院校教师来说，势必会打消其工作积极性。这就要求职业院校要做好这些教师的组织和动员工作，安排好教师的转岗，鼓励其二次提升。

3. 企业师傅

企业师傅是现代学徒制的教育实施主体之一，他们水平的高低决定着现代学徒制的成败。所以需要从企业技术骨干和资深人士中挑选出能胜任现代学徒制教学工作的师傅。企业师傅的具体选拔方式可以通过相关行业部门的引导、企业自荐、学校公开选拔、实习生推荐等多种方式，将那些艰苦奋斗、作风正直、爱岗敬业、具有工匠精神的技术骨干、资深人士和能工巧匠招纳到现代学徒制人才培养工作中来。硬性要求如下：需要具备至少五年相关专业的工作经验，拥有丰富的生产实践经验是先决条件之一；具备本科以上学历或中高级专业技术职务的师傅优先，较高学历和技术职务的人往往具备较强的教学组织能力，能够引导学生更快地学习专业知识技能；企业师傅要熟练掌握本专业和相关相近专业的知识理论、技术规范、技术标准等问题，熟悉本专业和相关相近专业的发展历史和现状，并能据此科学推断其发展趋势。

选拔到符合条件的企业师傅后，还要制定企业师傅考核管理条例，通过精神和物质上的奖励来激励师傅积极参与到现代学徒制中来。一方面，教育主管部门可以按照企业师傅的教学业绩，给师傅颁发荣誉证书；另一方面，可以举办现代学徒制优秀企业师傅评选大赛，增强其竞争意识和社会责任感。

企业师傅要在学校教师的组织协调下加强师傅与师傅之间、师傅与学校教师之间、师傅与徒弟之间的沟通和交流，总结实践中的成功经验，纠正实践中的错误。职业院校也要注意与合作企业的交流与沟通，为师傅开展学徒培养教学活动创造良好的工作环境，使师傅带徒弟渐渐成为企业不可或缺的工作环节。同时，还要加强对师傅专业技能的指导和培训，使其成为有较强教学组织能力的"双师型"教师。

（二）教师、师傅双主体育人运行模式

现代学徒制要求学校教师和企业师傅双重主体育人，工作环境与学习环境合二为一，使学生在工学交替的方式下学习，企业师傅和学校教师所传授的技术和理论都是学生在实际工作中必需的。学校教师主要负责学生知识学习与情感发展，通常以显性知识的传授引导学生理性思维的构建；而企业师傅更注重实际技能的传授，通常以言传身教的方式构建学生的隐性知识与实践经验。这种教师、师傅双师育人的模式有助于教育主体双方结合，促进学生知识、情感与能力的协同提升。

1. 职业学校教师在现代学徒制中的育人运行模式

现代学徒制需要站在企业角度培养人才，虽然企业师傅是重要的教育主体，但是职业学校教师的职责也是不容小觑的。学校教师要教授职业精神、职业道德养成的相关课程，还要教授包括公共基础课、专业理论知识和基本专业技能在内的文化课程。同时，学校教师要有计划地、系统地向学生介绍现代学徒制工学交替的教学方式，使学生对中期阶段和后期阶段去企业实际工作有思想准备。上面提到的公共基础课程模块和专业技术知识课程模块主要由一名学校教师和数名企业师傅负责，其中学校教师是这两个课程模块的主要负责人，向学生系统地传授理论知识，并在企业师傅与学生之间起到组织协调的作用。

2. 企业师傅在现代学徒制中的育人运行模式

现代学徒制不同于以往的校企合作，即使是在初期阶段学生在学校系统地学习职业道德和理论知识时，企业师傅也要承担起对学徒的育人责任。具体来说，在初期阶段，企业师傅可以定期到校，为学生举办增加企业认知的讲座，带领学生去参观企业工作场地，增加学生进入企业实习的前置经验。在中期阶段，企业师傅成为育人主体，带领学生进行跟岗活动，在企业的实际环境中指导学徒观察、模仿并学习实际工作所需的技能，在实践中验证理论知识的正确性，并解决实际问题。企业师傅主要负责课程岗位知识与实践技能的教学与考核，职业岗位方向课程模块和学徒职业发展规划课程模块也是以师傅带徒弟的形式进行岗位培养的。例如，西子航空工业学院的航空制造业岗位方向课程模块就是以师傅带徒弟的方式进行的，由企业的人力资源部门选派优秀的企业员工担任师傅，并遵循双向选择的原则，做好师徒结对工作，为保证效果，师傅一般每次带 1～3 名学徒。企业师傅带学徒的方式也不是一成不变的，可按照实际情况灵活变通，可以采用一师多徒、一徒多师或一师一徒等多种方式。

在做好专业设置、课程建设和教学组织的规划和调整后，要发挥企业师傅和职业院校教师各自的优势，做到彼此之间优势互补。学校教师可以为企业师傅提供教学方法、教学组织和教学内容等方面的建议，提供专业发展的前沿理论知识；企业师傅可以指导学校教师提高实际工作操作技能，提供课程建设所需要的技能标准和知识要求。在现代学徒制具体实施过程中，学校教师和企业师傅也要做好本职工作，各司其职，分工协作。例如，教学设计、公共课程模块、专业技术知识课程模块主要由职业院校教师负责，职业岗位方向课程模块和学徒职业发展规划课程模块主要由企业师傅负责。两者相互促进，经过一定时间的融合，一定能打造出一支专兼结合、结构合理、水平较高的专业教学团队。

（三）现代学徒制人才培养师资建设的策略分析

1. 政府的支持与重视是校企师资合作的前提

（1）加大对教师、师傅培养培训的财政支持

各级地方政府要加大对现代学徒制的公共财政投入，加强对职业院校教师和企业师傅的培养培训力度。各级地方政府应重点设立师资培养培训特别津贴；并对实施现代学徒制有经济困难的职业院校给予经费支持，对实施现代学徒制，取得良好人才培养效果的职业院校给予物质奖励。上述所需经费均列入当地政府的财政预算中。对规划建设的实训基地要确保经费及时到位，

同时要鼓励和支持企业在职业院校建立研究开发机构和实验中心。职业院校由于缺少教育经费，对教师实践技术技能的培训投入相对较少，这样不利于教师知行合一的自我发展，也不利于与企业师傅专业技能的对接。因此，职业院校教师进行再培养培训的费用可由政府、学校、企业和其他社会成员各方集资，并通过相关立法给予保护。在现代学徒制实施初期，政府应大力扶持职业院校教师的培养培训工作。例如，德国政府每年对职业院校教师的培养培训投入大量经费，其教师的培训进修费用由政府承担。

（2）完善相应的法律法规

从20世纪80年代起，国家陆续颁布了《中华人民共和国职业教育法》（以下简称《职业教育法》）等法律法规和《面向21世纪教育振兴行动计划》《中国教育改革和发展纲要》《关于深化教育改革全面推进素质教育的决定》等政策文件来发展职业教育事业，但是总体来说，政策法律方面的建设落后于职业教育的快速发展。关于现代学徒制及其师资建设方面，我国尚未颁布相关的的法律法规，这意味着现代学徒制的运行是没有法律保障的，对于人才培养工作是极为不利的。所以，政府需要尽快开展关于现代学徒制的法律法规建设工作，一方面，在修订《职业教育法》的过程中，应新增现代学徒制及其师资建设的相关条款，使现代学徒制的师资建设有章可循、有法可依，使其发展得以规范化和制度化；另一方面，可以参考西方国家法律法规中关于师资建设的条款，如英国的《学徒制、技能、儿童与学习法案》和德国的《联邦职业教育法》等法律，汲取适合中国国情的合理条款，为我国现代学徒制的师资建设提供借鉴和参考。

（3）建立产学研结合的运行机制和管理体制

职业院校要充分发挥教师科研能力强的优势，主动承接国家、地方或者企业的重大项目课题，并为企业培养一批高新技术技能人才。企业也要珍惜与职业院校合作的机会，以现代学徒制为纽带，给予合作职业院校经济支持，利用其科研能力较强的师资团队，促进企业自身科学技术水平的提高。首先，要树立为自己培养人才的理念，系统设计企业和学校双方的制度框架。在制度框架的激励和制约下，保证学校教师和企业师傅的数量和质量。学校和企业可以在资源共建、专业设置、课程建设、科研合作和教学研讨等方面合作，进行目标考核和精细管理，以达到在现代学徒制人才培养实施过程中学校教师和企业师傅发挥各自优势的目的。其次，通过合作，企业师傅和学校教师优势互补、取长补短。在专业设置、课程建设和科研合作等方面共同进步，双方协同合作，共建产学研结合的研究中心，促进合作企业科学技术水平的提高，并形成新技术、新产品的培育孵化基地。

2.职业院校以企业需求为导向强化师资建设

（1）强化现代学徒制师资合作教育观

一流的人才，一流的职教，取决于一流的职教师资，而一流的师资需要高效的培养方式。因此，职业院校要认识到在现代学徒制人才培养实施过程中师资建设的重要性。首先，要将现代学徒制中师资建设的重要作用提高到科技兴国的高度来认识和宣传。当今社会高度发展，急需大量高素质高技能人才，而高素质高技能人才的培养需要大量优秀的"双师型"教师。现代学徒制是以行业、企业需求为人才培养导向，是造就理论性和技能性兼顾的"双师型"教师的有效途径。其次，要营造现代学徒制校企师资建设的良好氛围。一直以来，我国的教育传统都是"重理论、轻实践，重仕途、轻学术"，因此职业教育的社会地位一直不高，对职业教育教师的评价也失之偏颇。以往的校企合作也常因企业的不积极、不主动而不了了之，这些都不利于职业院校师资的建设。现代学徒制是实现职业院校教师理论知识和实践技能相结合的重要途径。因此，要通过现代学徒制师资建设的全面发展、两个结合的多方面宣传，提高职业院校、行业、企业和社会各方对此的认识，形成现代学徒制师资建设的良好社会风尚，营造有益的社会舆论氛围。

（2）以实际工作为导向构建教师培养体系

首先，职业院校应该以实际工作过程为导向建立学校教师的培养体系，以实际工作流程为导向，鼓励在校教师通过岗位培训或者自学的方式来学习最新的专业理论知识和技术技能，从而更新教师的理论体系，提高教师的操作技能，使教师能够胜任实践类课程的教授。

其次，职业院校可以利用优化教师培养平台进行师资队伍建设，利用优化教师培训平台指的是充分利用企业实训平台对教师素质与技能进行培养。职业院校可以挑选有能力的中青年教师，结合其具体任教课程，到合作企业的对口岗位进行技能训练，以提高其技术技能水平和实践教学经验。同理，职业院校也可以从合作企业中挑选技术骨干来担任实践类课程的兼职教师，提高实践类课程的整体教学水平。职业院校应该以现代学徒制的合作交流为契机，建立跨校际教师交流机制。通过建立跨校际教师交流机制，职业院校教师可以与其他学校的精英教师交流沟通，辅以自我实践的方式，在一个较为开放的学习环境中实现知与行的循环转化，促使其教学技能的稳步成长。

最后，职业院校可以按照现代学徒制的教学要求改变对教师评估标准，引进符合现代学徒制师资要求的教师加入教学团队。职业院校可以联合企业的人力资源部门修订新的教师管理与评价系统，以行业、企业的用人需求为标准，使企业参与到学校教师的选拔、聘用、管理和评价中来，与企业携手创建面向职业院校教师的资格认证体系，面向社会公开选聘合格教师，使企业职业技能较强的技术骨干积极加入职业院校教学团队中来，进一步提升职业学校教学团队的实践教学能力。

3.企业建立师傅管理考核机制

传统学徒制与现代学徒制的明显不同之处就是双主体育人和教育主体多元化。传统学徒制只有企业一个教育主体，现代学徒制在此基础之上添加了职业院校教育。学校在现代学徒制中负责教学组织和教学设计，体现了学校的主体地位；企业在现代学徒制中以生产实际来设计人才培养方案，体现了企业的主体地位。因此，师傅与学徒、教师与学生之间的界限不再那么清晰明确。为了管理好现代学徒制中最重要的双师关系和师徒关系，企业和学校应该建立起双师管理考核机制，制定并签署《师徒协议书》《双师考核和管理规定》等文件，来明确双方在现代学徒制人才培养实施中的责任和义务。

（1）明确师傅管理考核要求

企业师傅制定有计划性的、有针对性的人才培养目标、计划和措施，并检查监督学徒对培养计划具体执行情况，对学徒进行全面的人才培养考查。

企业师傅要严格磨炼学徒技能，细致认真地教导学徒学习，把专业技术技能传授给学徒，帮助其解决实际工作学习中的困难。企业师傅除了要传授专业技术技能，还要将实际生产工作中的制度章程、安全生产和其他优良作风传授给学徒，培养其良好的职业道德和职业素养。按照《师徒协议书》里规定的各项任务，对学徒进行考核评价，定期检查其学习工作状况，记录其进步和不足，并保存自己在现代学徒制人才培养期间的工作记录、教案和教学计划等相关文件，每月在固定时间将上述文件递交到校企联合教研室，以便相关部门进行考核和验收。

每个学期都要对师傅带徒弟的人才培养情况进行考核评价，要改变传统的只看重学习成绩，不看重学习过程的总结性考核方式，转变为学习过程和考试成绩并重的新型考核方式。具体考核评价《师徒协议书》的完成状况、学徒的理论知识和技术技能水平、工作业绩和平时的工作表现等，由此对师傅在人才培养期间的职责履行情况进行评价。企业对其员工最有发言权，因此企业评分占50％为宜；学徒是被培养者，是项目的直接参与人，评分占30％为宜；学校处于第三方立场上，评价较为客观公正，评分占20％为宜。

（2）考核结果的应用

可以通过精神和物质上的奖励来激励企业师傅积极参与到现代学徒制中。企业每月要支付师傅带徒津贴，并对考核结果优秀的师傅再给予物质奖励，同时对考核结果较差的不予奖励。每学年末由学校、企业双方根据考核结果对师傅进行一等奖、二等奖、三等奖的等级评定，但是，获奖总比例不应超过参评人数的50％，之后给师傅颁发荣誉证书，增强其竞争意识和社会责任感。

4. 对师傅的纪律要求

在签订完《师徒协议书》和《双师管理考核条例》等文件后，师傅就是学徒学习工作的主要负责人，要实行师傅负责制。师傅学徒要同班、同岗工作，不准随意调班、换岗造成师傅学徒工作岗位分离。若在执行协议期间，师傅或者徒弟任意一方擅自离职，协议就不再有效。在此期间，学徒若罔顾企业工作纪律，严重违反相关规章制度，将会取消师傅的带徒津贴；学徒的不当操作引发重大产品质量问题、人身安全事故和财产安全问题，师傅需承担连带责任，取消其带徒津贴，并依照公司相关制度进行处罚。

第二节　现代学徒制人才培养模式的对策和建议

借鉴成功经验和试点成效来看，现代学徒制人才培养模式是适合职业院校培养人才的模式，然而现代学徒制在我国推行时间尚短，在取得成效的同时也暴露出一些问题。根据职业教育双重属性理论、素质冰山理论和产权理论等，结合我国的国情提出如下建议：加强宣传，形成多种宣传渠道，增加学生对现代学徒制的了解；加强理论研究，科学地设置人才培养目标；根据现代学徒制要求，科学设置课程；规范教师队伍的建设；完善相关的管理制度；等等。

一、提高参与主体对现代学徒制的认识

（一）加强宣传，形成多种宣传渠道，增加学生对它的了解

现代学徒制在我国推行时间仅仅几年，参与主体对其仍感到新鲜，因此需要加强对现代学徒制的宣传，让更多的人去了解它。

加强对现代学徒制的宣传主要从政府和学校两个维度出发。政府方面的宣传首先，应该大力鼓励和推广现代学徒制人才培养模式，对试点效果比较好的企业和院校给予一定的经费或者税收鼓励，或授予荣誉称号等鼓励，提高企业参与现代学徒制试点的热情。其次，可以向西方发达国家借鉴一些比较好的宣传经验。比如，我们可以向英国学习，成立一个关于现代学徒制的官网，为学生和学徒搭建一个与学校和政府相互沟通的平台，给各种现代学徒制的参与方（如学徒、企业、机构）提供比较新的资讯。此外，英国还通过举行"国家学徒制周"等活动来进行现代学徒制的宣传。我们可以举办一些"国家现代学徒制月"或者"国家现代学徒制节"等公益性活动来加大对现代学徒制的宣传。

学校方面的宣传则可以采用以下几个方法：首先，招生院校在招生宣传的内容中应该着重说明现代学徒制的运行模式和具体的实施情况，与其他人才培养模式相比的优势，以及一些成功的案例，等等，同时也需要增加一些宣传的途径。目前，我国关于现代学徒制的宣传主要是通过学校的官网开设专栏和校企讲座推荐等方式。其次，学校还可以组织在企业实习的学徒返回母校进行现代学徒制的交流会，向在读的学生介绍现代学徒制；也可以在高中学校、中职学校以广播的形式，在每周固定时间将现代学徒制的最新资讯以播报等方式进行宣传。最后，最重要的一环是做好高中教师的思想工作，要让高中教师对现代学徒制有一个很好的了解，然后认可它，这将会达到事半功倍的效果，毕竟在很多偏远地区，学校和教师是学生获得现代学徒制信息的重要途径。也可以充分发挥主流媒体和网络等多媒体的作用，形成多方位、多层次的宣传策略。

（二）明确企业的主导地位

明确企业的主导地位，离不开政策的支持和学校的配合。在现代学徒制中，企业和学校都作为育人主体，彼此的地位平等，只是各自的分工不一样，然而在实际操作中，育人的主导权还是在学校手里，企业依然处于被动的角色。根据职业教育的双重属性可以得知，职业教育本身就是带有教育属性和经济属性的，如果想办好职业教育，必定离不开企业的支持和配合；而且现代学徒制是加深产教融合的一种人才培养模式，更离不开企业的支持。因此，在现代学徒制中，学校应该遵循此理论，转变传统观念，主动把企业应有的主导权还给企业，双方在实际操作中落实双主体育人。此外，企业需要充分认识到自己的育人主导地位。企业需要认识到在现代学徒制中，学校和企业的地位是平等的，都有招生参与权、决策权，需要承担相应的责任，企业应主动参与学生的招生、课程设置、教学评价、教学管理等工作项目中，而不是被动地听学校的安排。毕竟，根据产权理论，现代学徒制的学生与企业是签订劳动合同或劳动协议的，企业对学生有 1～2 年的使用权和所有权，那么在此期间，企业就应该肩负起应有的责任，对学生负责，不是被动地配合学校，而是主动参与到育人过程中来，为现代学徒制的发展献计献策。

二、加强现代学徒制理论研究，科学地设置人才培养目标

现代学徒制专业人才培养目标，是职业教育目标在现代学徒制专业中的具体化，既要与我国职业教育总体目标保持一致，又要围绕相关专业在具体领域、岗位工作、职业能力、人才层次等方面体现目标的具体化，还要凸显学徒目标岗位及相关的学徒能力，以体现该专业学徒与该专业普通学生不同的职业定位与发展。科学地设置人才培养目标可从以下两点着手：

首先，需要加强对现代学徒制理论的研究。理论是行动的先导。学校需要组织教研队伍进一步就现代学徒制的内涵、特征、要素等方面进行研究，厘清现代学徒制的要素和特征，从根本上对现代学徒制有所了解，清楚地知道现代学徒制的特征，并对工作本位学习有清楚的认识。同时，还要及时总结与推介现有试点专业在推进过程中出现的好做法与好经验，扩大成果的共享面；继续完善现代学徒制专题研讨制度，定期商讨并解决发现的问题；定期组织成果或经验交流会，在专业间共享建设成果，全面营造有利于现代学徒制培养模式实施的氛围。

其次，对行业发展趋势及学徒岗位技术要求进行真正的调研，调研的范围和群体需要有代表性和普适性。只有把调研做扎实才能了解行业、企业真正需要的人才，毕竟现代学徒制不是为一家企业培养人才，而是为整个行业培养人才，因此普适性非常重要。

三、根据现代学徒制要求，科学设置课程

现代学徒制人才培养模式需要校企双方全程参与，学徒在企业的学习时间和内容都比其他人才培养模式要多，因此需要设计出适用于现代学徒制人才培养模式的课程。在设置课程的过程中，不但要满足企业岗位的用工要求、校企合作要求、国家现代学徒制的发展要求，还需要考虑到学生的个人发展需求，同时要体现出现代学徒制的课程较其他课程所具有的优势和特点，清

晰地显示出学生的职业生涯发展路径。

首先，现代学徒制的课程体系需要脱离传统人才培养的框架，不能沿用基础通识课程、专业课程和选修课程等框架，也不能出现"顶岗实习"等字眼，而是需要围绕学徒目标岗位的要求来设置岗位课程，可以通过对学徒岗位的职业能力分析，将工作领域的典型任务转化为学习领域的项目课程，即要明确现代学徒制课程的定位，明确专业的人才培养目标。

其次，在结合职业能力分析和职业技能证书的要求、符合企业用人标准和现代学徒制发展的前提下，进行课程的开发。根据现代学徒制的课程特点，可以将课程结构分为公共基础课程和专业课程两个模块。公共基础课程主要包括基本的人文素养课程，如大学语文、马克思主义、公共英语等。专业课程又分为专业技术技能基础课程、学徒岗位能力课程和专业拓展课程三类。其中，专业技术技能基础课程主要包括培养岗位基础能力的课程和与行业通用岗位需求相适应的课程；学徒岗位能力课程主要包括与合作企业用人岗位需求相适应的课程；专业拓展课程主要是考虑到学徒的个人兴趣和可持续发展的需求而开设的一些课程。

再次，专业课程的设置科目不宜过多，对准人才培养目标即可。

最后，关于理论课程和实践课程的课时比例问题及考核问题，理论上来讲，现代学徒制的理论课时的比例应该低于实践课时的比例；现代学徒制的考核内容和考核的评委与一般的人才培养模式有所区别。考核的内容不仅有理论知识，还有对技能方面的考核；考核的评委也不仅是学校，还有企业，甚至应该有第三方参与考核，如此才能确保学徒的培养质量。

四、规范教师队伍的建设

校企共建师资队伍是现代学徒制试点工作的重要任务。现代学徒制的教学任务必须由学校教师和企业师傅共同承担，形成"双导师"制。现代学徒制人才培养模式中的"双导师"制包含师资队伍的构成（专职教师和企业师傅）和师资队伍的整体素质（专业理论知识和专业实践能力）。"双导师"共同承担专业教学、指导岗位实训等教学任务，不仅注重培养学生的职业技能，强化学生的职业素养教育，还对学生的心理健康教育、安全教育和纪律等方面进行监督，促进学生的全面发展。根据"素质冰山"理论，学生从学校学到的大部分是"冰山"上面的东西，即专业的技能和专业的知识，这些是职业素养表象的东西显性知识，然而如果想成为一名优秀的员工，还需要对职业素养根基的东西进行学习，即社会角色、自我认知和特质等隐性知识。显性知识获得途径比较多且见效快，而隐性知识是潜移默化的、在环境中熏陶形成的。在现代学徒制中，"双导师"不仅可以教会学生基本的专业知识和专业操作技能，企业师傅还会通过自身工作经验和对行业的认识，对学生进行潜移默化的影响，教会学生相关的职业道德和职业素养，促进学生的自我认识，所以说导师队伍水平的高低决定着现代学徒制人才培养质量的优劣，导师队伍是现代学徒制人才培养的灵魂，因此非常有必要规范师资队伍的建设。所以校企双方要积极探索"双导师"制模式，建立"双导师"的选拔、培养、考核、激励制度，形成校企互聘共用的管理机制。

（一）规范"双导师"的管理制度和考核制度

规范"双导师"的管理制度，不仅要规范导师的准入制度，而且需要导师明确各自的工作职责和工作待遇，明晰各自的教学任务，这样更加有利于教学任务的开展和教学活动有条不紊地进行。

建立"双导师"准入规则。导师的专业水平和职业素质是决定现代学徒制培养质量的主要因素，只有具有职业教育相关资格、有一定理论教学或实践教学经验的、掌握一定教学方法的、具备培养学徒成才能力的人员，才能获得现代学徒制导师资格。例如：企业导师最基本的要求是有良好的职业道德和团队意识，有丰富的职业岗位工作经验，具备处理复杂技术问题的能力，且业绩较为突出，能够及时发现和解决培训过程中出现的问题，具备较强的教学能力，以及对学徒职业生涯比较认可；学校导师最基本的要求是认可现代学徒制试点工作，责任心强且具有良好的职业道德和团队意识，还要有比较扎实的专业理论基础，接受过专门的职业教育方法培训，能承担现代学徒制专业教学任务，以及有较好的课程开发和实施的能力，这才是具有"双师"

素质的专任教师。此外，无论是校内导师还是企业师傅，既然国家要求合作企业要选拔优秀高技能人才担任师傅，就应该对其有工龄（教龄）和职业资格证书等硬性要求。

明确导师的责任和待遇，明晰学校导师和企业师傅各自的教学任务，有利于教学工作的开展。明确待遇有利于刺激导师工作的积极性。例如，在企业设立专业教师流动工作站，选派优秀专业教师做导师挂职锻炼，将指导教师的企业实践和技术服务纳入教师考核中并作为专业技术职务晋升的重要依据；还可以把企业导师的教学任务、带徒经历、教学服务纳入企业员工业绩考核中，并享受相应的带徒津贴，也可以把其作为晋升的依据，激励企业导师认真对待教学工作。

建立"双导师"队伍的绩效考核制度，评选并奖励优秀导师，是吸引人才和稳定导师队伍的重要举措。校企双方需要制定考核制度和激励制度，导师的考核内容应该包括师德、教学规范、课程设计、课堂教学效果、学生（学徒）日常管理与职责履行等方面的内容。在激励制度方面，企业可以采取将导师的收入与学徒的学习效果直接挂钩的方式，评选并奖励优秀的企业导师和学徒，学校则可以采取将学生的学习效果与导师晋升挂钩等方式，提高导师的责任感和服务意识。建立实习师傅人才库和考评员人才库，企业选派技术人员做师傅，负责实习生岗位技能的传授。企业建立带班师傅绩效考核制度，将学徒业绩与师傅工资奖金捆绑在一起考核，以保障实习考核工作质量。

（二）规范导师队伍的配备

规范导师队伍的配备，需要规范企业导师和学校导师各自的比例。首先，现代学徒制原则上是要求企业导师的比例高于学校导师，如有些职业院校在编制内按不少于编制总数的25%聘请企业管理者、高技能人才担任专兼职教师，支持职业院校在编制外以政府购买服务等方式建设"双师型"教师队伍，鼓励企业选派有实践经验的行业、企业专家，高技能人才和能工巧匠担任学校的兼职教师，设法提高企业导师的比例。其次，需要规范导师的规模问题。学校和企业根据每个专业的要求，以及学生的学习情况、企业的基本能力确定企业导师和学校导师的数量。最后，需要规范企业导师和学徒的比例，根据每个专业的情况明确每个企业导师带学徒的数量，过多则不能保证教学质量，过少则会浪费资源。

（三）规范师资培训，提高"双导师"的专业化水平

规范师资队伍的建设，除选拔、考核、管理外，还需要培养。现代学徒制的推行对职业院校的在职教师产生很大的冲击，在职教师数量多且大部分已有比较好的教学经验，其只需要转变教学理念，进行继续教育的培训，就可以把现有的教师队伍变成一支真正的"双师型"教师队伍。

导师队伍的培训包括学校专业教师的在职培训和外出培训，也包括企业师傅的教学技能培训。其中，企业师傅的教学技能培训可以由企业自己去聘请专家来授课，也可以邀请合作院校的一线优秀教师来完成，实施起来相对而言比较简单。

校内专任教师的培训则相对复杂一些。首先，需要学校提供足够的培训经费和培训机会，不管是新教师还是专业带头人都有机会外出培训；政府需要明确现代学徒制的导师培训费用，实施专款专项，保证导师的培训经费足够，而不至于被其他项目挪用；除拨款外，政府还可以设置激励制度，对那些办学质量好的学校额外奖励培训经费，让更多的教师有机会外出访学，与国际进行交流。此外，开展现代学徒制的高职院校也需要从自身情况出发，如有偿开放寒暑假期间学校闲置的各种资源，为现代学徒制师资队伍筹措更多的培训经费。其次，培训的内容要与专任教师的专业相符合，不要为培训而培训，这对教师的能力提高没有特别大的帮助。另外，新入职的教师需要在担任现有的教学任务的同时，跟校内的资深教师学习、进修。资深教师在完成教学任务之余，还要增加外出参加专业相关的培训、会议等机会。不管是新教师还是资深教师都需要花时间去企业实践，与企业师傅、企业专业人员交流，了解行业、企业的最新情况，了解学徒的近况，等等。应让所有的教师都有机会成长，形成一支优秀的教师队伍。

五、营造有利的环境氛围，完善相关的管理制度

学校可以通过规范师资队伍的建设，改变宣传的方式，落实双场所教学，及时总结与推介现有试点专业在推进过程中出现的好方法与好经验，扩大成果的共享面；继续完善现代学徒制专题研讨制度，定期商讨并解决发现的问题；定期组织成果或经验交流会，在专业间共享建设成果，全面营造有利于现代学徒制培养模式实施的氛围。

（一）落实学徒的双身份，保障学徒的权益

目前法律层面暂时没有办法落实现代学徒的合法地位，学校作为育人主体，应该最大限度地保障学生的权益，并为学生的利益保驾护航。例如：首先，需要克服地域的问题，解决学徒的双场所教学，不能因为企业和学校不在同城，或者因为企业没有办法解决学徒的住宿问题而妥协。其次，建议院校、企业、学生三方签订协议，未成年的学生须增加学生监护人签订四方协议。明确学徒的学生和职工双重身份，约定各方职责权利，确保学徒的受教育权利得到有效保障，保证学徒制的教育属性；确保学徒可以获得合理的劳动报酬，禁止将学徒作为廉价劳动力压榨；为学徒购买工伤保险，明确企业和院校在意外事故中承担的有限责任；根据学徒教育教学需要，科学安排学徒岗位，合理分配工作任务，以从多个层面保障学徒的双身份。

（二）规范参与企业的准入管理制度

企业作为现代学徒制中的育人主体之一，其本身的发展规模、企业文化，以及发展前景等方面的因素不但影响人才培养的质量，而且会影响学徒个人的发展。因此，学校在选择相关的合作企业时，不仅需要有一定的准入要求，还需要不断完善参与企业的相关管理制度，毕竟不是任何行业都适合采用现代学徒制的人才培养模式。目前，我国现代学徒制应用比较多的行业主要是制造业和服务业。我国现代学徒制对企业的规模是有明确规定的，例如：员工人数规模为 500 人以上的企业，或者企业生产基地达到 1 000 m^2 等都有详细的规定；对参加企业的用人规模和数量有一定的调研，用人规模和数量

不达标的企业暂时不予考虑；还需要考察企业本身是否有培训系统；等等。经过层层筛选，可以保证参与现代学徒制学生的就业，同时学生的留岗率高，也会在不同程度上激励企业或者其他符合要求的企业参与到现代学徒制中。

第四章 现代学徒制的学徒权益保护研究

第一节 学徒权益保障不力的现状

学校及企业等社会机构作为培养主体，学校有针对性地培养学生，同时企业等机构与学校配合进行招工。因此，现代学徒制中的学生以学生与学徒的双重社会身份参与社会活动，在得到学校专业技能培养的同时，也得到岗前专门的培训，将所学知识应用到实践操作中。不能将该过程仅认定为受教育过程，还可以将其认定为劳动过程。作为一名学生，就其权益保护而言我国前后出台《中华人民共和国教育法》（以下简称《教育法》）、《职业教育法》等法律法规。作为一名员工，就其权益而言我国有《中华人民共和国劳动法》（以下简称《劳动法》）、《中华人民共和国劳动合同法》（以下简称《劳动合同法》）等法律法规对其予以保护。但当双重身份赋予同一人之时，我国现有的法律规定和学徒的双重身份的交叉矛盾就出现了。虽然我国劳动法的相关条文中没有明确规定全日制在校生不得在企业等社会机构以员工的身份参与生产经营活动，但是在相关司法解释和意见中对在校生勤工助学行为予以了肯定和支持，并明确"不将学生在社会机构的勤工助学行为视为就业行为"。其中主要原因是勤工助学在校生的人事劳资关系均设在所在院校，无法在企业等社会机构另建档案，甚至无法建立社会保障关系。所以，学生的劳动输出不被认为是一种合法的劳务关系，那么双方之间的合同就不得定性为劳动合同。现如今，在学徒制的大力推行下，绝大多数的学生会在企业机构实习锻炼、学习和工作，双方之间建立了一种事实劳动关系。然而，学生与企业两者之间没有合法的劳动合同能够确立学生与企业间的劳务关系，导致学徒制的发展受到限制。此外，在法律适用上，学徒与企业因劳动待遇和劳动保护等问题发生纠纷时也会产生争议。这些法律规定的现实困境将会让学徒、学校和企业处于不确定的风险中,为我国大力推进学徒制改革带来了诸多不便。

一、学徒人身权益受损分析

按照现代学徒制的计划和要求,学生在企业依照预定的工作计划完成任务,在学习与工作的过程中完成知识与实践的结合,这是学徒制最为显著的教学特征。在此过程中,学生提供了实际劳动力,学生和企业之间形成特殊的控制与被控制关系,这里将其称为准劳动关系。在教学过程中,涉及任何有关学生的教学问题,必须要先保护学生群体的权益。因此,在学徒制下的准劳动关系中如何保障学生合法权益是学界讨论和关注的热点。

根据劳动关系的特点,对学生个人权益的保护等同于对企业职工的保护。就学生本身而言,应当遵守企业的管理规定和工作安排;同时就企业而言,也需要充分地保障学生的合法权益。职业技术院校在教学上对学生的技术操作能力给予更多的关注,因此学生可能面对的是各种大型设备机器的操作,即使按照要求规范操作也不能完全排除事故发生的风险。曾有报道,在校生崔某在学校的组织下到一家机械厂实习期间手指受伤,花了1万多元用于治疗,但企业认为其和崔某并没有形成劳务关系,机械设备也是正常运行,受伤是崔某操作不当造成的。合议庭审理后认为,崔某属于在校学生,基于学校的安排到实习单位实习,是其学校课堂教学内容的延伸。崔某与机械厂之间不存在劳动关系,也未建立实质意义上的劳动者与用人单位间的身份隶属关系,双方的权利义务不受劳动合同法调整。最后调解结果是,崔某、学校、机械厂三方分别承担20%、30%、50%的过错责任。在这种情况下,学生的人身健康与安全是保护的重中之重,无论是学校还是企业都应当予以高度重视,将学生的生命权与人身权视为最高权益来提供最好的安全保障。学生在企业的身份是学徒身份,更多时候企业能够予以更直接的监督,因此企业是保护学生权益的最重要也是最方便的主体。在现实中,有很多学徒在实习期间出现突发状况造成权益受损之后,由于双方没有签订合法合同,因此实习单位推卸责任,认为学生与企业之间不存在劳务关系,同时救济方式受法律关系制约,也受到合同约定的限制,商业保险赔偿金额少,学徒维权难度大。

反观现代学徒制发展中可能遇到上述学徒权益受损的情况。学生作为学徒在做中学、从学中做,如果不是劳动者,那么是没办法通过现行的《劳动法》予以充分的权利保障与保护的。可是就算没有与用人单位建立劳务关系,一旦牵扯到生命健康权,用人单位依然需要承担相应的责任。但是当前学徒一词在法律中难以给出准确的界定,而在现行《劳动法》中又没有单独设立学徒的人身权利条文,因此其生命、健康、名誉或者隐私在受到不法侵害时都无法得到《劳动法》上的保护。近几年的调查显示,职业高校的学生直接接触各种大小型设备机器,但又在实习中缺乏实践经验,人身权益受到损害的事故只增未减。

所以,在现代学徒制的发展背景下应该要求学校和企业为学生提供可以保障人身健康和安全的工作指导及工作环境,确保学生在人身安全的情况下获得更多的实务训练和经验。然而,在现实中由于学生的双重身份,学校和企业之间存在责任推诿现象,使学生利益无法得到充分的保障。

二、学徒劳动权益受损分析

由于学徒的双身份特点,对学习和工作时间要有所分配,所以企业对他们的工作内容的要求都与正式员工有很大的区别,甚至是冲突。于是关于学徒能不能等同于正式员工这个问题,一直以来都有不同的声音和看法。我国教育部已经针对学徒制问题颁布了相关工作意见,其中明确提出"学生享有获得报酬的权利"。但是报酬标准并没有明确规定,各个地方企业在没有法律强制约束的情况下支付学徒薪酬,标准参差不齐,许多学生的付出得不到相等的回报,甚至有部分企业为了节约成本、提高企业利润,以给学生提供实习机会为借口将学生作为廉价劳动力或者短期劳动力来使用,没有按照协议中的条款予以教学和实践培养,没有给学生提供一个良好的安全的工作环境,甚至无法保障其生命、健康等切身利益。还有个别企业甚至无视相关规定的条款,以学生作为学徒为由不向其支付任何劳动报酬和补贴。有些学徒在企业中经常会遇到各种形式的加班情况,作为弱势的学生不敢向企业或学校投诉，或者投诉也得不到合理的反馈。学生作为劳动者参加劳动，但在薪酬、劳动时间和社会福利方面与正式员工存在很大差异，个别企业更是利用自己的强势地位克扣学生应得报酬，强迫学生从事不熟悉的技术工作，甚至重危工作，严重侵害学生的利益。因此，学生容易产生不安心理，甚至反抗心理，无法全心投入实践学习。

因为企业坚持认为其自身作为辅助者，所以没有将学生定位于劳动者，这导致学生在工作中，不仅无法享受与正式员工相同的权利、福利待遇等，而且当权益受到侵害时仍无法得到企业的救济和工伤保险。其中，企业对涉及学生生命利益的劳动保护权和工伤保险的侵权行为较为普遍。学生作为劳动者一方有权向企业提出将其纳入企业的职工范围等相关要求，并且企业有责任照顾学生的工作需求，让学生享受各项福利待遇及权益救助。然而，学校作为签约主体在与企业进行协议谈判的过程中，往往忽略学生的劳动权利，或者仅仅笼统地列举几项条款，并不能很好地维护学生权益，也不能降低学生可能面临的具体风险。

三、学徒受教育权受损分析

现代学徒制的推进和发展不仅有利于市场对人才的需求，也有利于学生吸取知识和快速就业，深化职业规划。但目前，现代学徒制仍停留在以学校为主导的教学质量管理中，侧重课堂教学，教学过程有标准，教学质量容易量化。虽然这是一套成熟的教学方法，但却无法适用企业的教育过程，大部分用人单位从本行业的需求和存在的问题的角度出发去制定一个相应的教学方案，企业的教学质量评价还没有一个统一的标准，显然不符合现代学徒制的宗旨，无法满足高校追求的教学质量，从而无法在真正意义上培养出社会行业发展所需的专业技术人才。

学校关于实践教学效果的评价处于没有明确评价标准的状态，与企业所重视的团队精神、创新意识、实操动手能力的评价存在着很大差距，所以无法真实地反映现代学徒制的教学质量，学徒是否能够获得较好的学习效果不得而知。在实际管理当中，学徒处于双重学习环境，面对双重考核模式，使学校和企业存在交叉管理、合作深度不足等问题,这些都是学徒制教学质量管理所面临的问题。另外,在目前国家推行学徒制的热潮中,有些学校为了获得资源或其他目的,开设一些不适合采用学徒制培养方式的专业。

随着国际竞争越发激烈,国内产业升级势在必行,对人才本身及对其培养方式均提出了较高的要求,学徒制应运而生。2014年我国发布了《教育部关于开展现代学徒制试点工作的意见》(以下简称《意见》),并在国内开始推行学徒制试点已多年。《意见》中明确提出,"要坚持校企双主体育人、学校教师和企业师傅双导师教学,明确学徒的企业员工和职业院校学生双重身份,签好学生与企业、学校与企业两个合同"。因此,该过程既是受教育过程也是劳动过程。

第二节 学徒权益受损的成因

在2014年教育部发布的《意见》中明确了现代学徒制是学校与用人单位协商,协同招生。经过多年的推行,目前还处于不断完善的磨合期。学徒制双身份和双教育的特点,让学生在学校期间就与未来的就业单位建立起了准劳动关系。不过这种准劳动关系由于受现代学徒制在实施中各种困难的影响,使得学生权益没有受到法律维护,造成这种现象的原因有很多因素,包括制度保护和企业经济因素等。

一、现代学徒制中的法律关系复杂,学徒法律地位不明确

现代学徒制所涉及的社会关系比较复杂,参与的主体包括学校、学生、企业、企业师傅等,其中又是双教育主体,学生和学徒的两个身份重叠,涉及至少四种法律关系的相互交叉。截至目前,针对学徒法律关系依然缺乏法律层面的解释与保护,指导性文件的规定过于笼统,导致学者的观点不一,各企业对法律关系的理解也不同。教育部的《意见》中提出了学生和学徒"双重身份"的概念,试图通过双合同的方式来明确学徒的法律地位。

首先,法律身份是指基于法律赋予而形成的身份,其所有的权利与义务

都具有特殊性,如国家工作人员、司法工作人员等。法律身份常用于刑法上,特定身份作为犯罪构成要件或量刑情节的犯罪,如贪污受贿罪,构成这个罪名的犯罪者身份必须是国家工作人员。然而,法律并没有赋予"学徒"身份特定的权利和义务,因此这里的身份不是一个法律概念。

其次,国家在推行现代学徒制的过程中为了减少两个身份交叉可能给学生造成的权利的损害,在《意见》中不仅要求学徒双身份和双合同,还明确了招生与招工、入学与工作的关系,以及学生需要承担的责任与义务、用人单位需要承担的责任与义务。想通过企业和学徒签订合同来区别开学生和学徒的身份,进一步解决学徒在法律关系中法律地位有争议的部分。那么教育部的《意见》是否解决了这个问题,学徒的权益是否得到了保障呢?

所谓法律地位,就是指法律关系中的法律主体所处的位置,使法律主体在享有一定权利的同时也承担必要的义务。学徒具有双身份,那么学徒的法律地位应当是指不同身份对应的法律关系中的地位。劳动关系与劳动法律关系两者是有很大区别的。劳动法律关系必须由国家立法机关通过法律规定来对劳动者权益进行甄别和界定,如雇佣劳动关系就不属于劳动法律关系,因而不受《劳动法》调整。也就是说,劳动法律关系的定义必须依托劳动法律法规。所以学生的法律地位是由《教育法》直接规定的。学生自入学以来就与学校形成教育与受教育的关系,学校与学生之间的协议不能确立或消除这种关系,学校与学生之间也不能任意设定或改变这种关系。所以,通过合同和协议来约定学生在现代学徒制中的法律地位是行不通的,因为通过合同约定并不能产生学徒的法律地位。

(一)学徒与学校、学徒与企业的法律关系重叠

学校与学生的法律关系,是指根据《教育法》规定形成的学校与学生之间的权利和义务关系。学校对学生的权利和义务包括招生、组织教学、日常管理、颁发证书、收取学费、保证教学质量、维护学生权益等方面。学生对学校的权利和义务包括受教育权、学习权、公平评价权、获得奖励和资助权、获得学业或学位证书、提出申诉权等方面。关于学徒制的管理,在2019年

发布的《教育部办公厅关于全面推进现代学徒制工作的通知》指出，学徒制管理以学分制和弹性学习时间为主，对学校"3+2"模式进行深入的探索和研究，即三天在企业，两天在学校。教育部早在2014年就在《意见》中提出将学徒的学生和员工的双重身份进行明确，使学生拥有两份合同。

那么，学生到企业当学徒期间是否会改变学校与学生之间的法律关系呢？答案是否定的。因为学校和学生之间的法律关系由《教育法》决定，学生从正式入学后就与学校建立了法律关系，学校跟企业或者企业与学生按《意见》签订的合同不能减少学校的义务或者减少学生的权利。换句话说，即使学生是在企业当学徒的期间，也应该被学校管理，学校仍有对其进行管理的义务，如果学校监管不到位致使学生权益受到损害，那么相关的法律责任也应该由学校来承担。

所以，无论学徒在企业还是学生在学校，其法律关系中的法律地位都不会因教学场所的转变或者学生与企业签订了合同而发生改变。只要学徒是在学徒制期间，学校和学生就存在教育关系，那么学校就要履行应尽的管理义务。

（二）学徒与企业有双重法律关系

（1）学徒在企业中具有双重身份

从学生身份来看，企业和学生之间的关系等同于学校与学生之间的关系，师傅与徒弟是不是等同于教师与学生的关系呢？从法律的角度来看，他们之间是有很大区别的。首先，在《教育法》中，学生、教师、学校和其他教育机构是其中的法律主体，重点在于对学校和学生两者关系的明确，应依照法律在权利义务关系上进行调整。《教育法》对学校和教师有明确的要求和条件，虽然企业和师傅在学徒培养过程中承担了相当一部分的教学教导任务，但明显不符合法律对学校和其他教育机构与教师的定义，而且教学和培养人才也并不是企业的最终目的。所以从学生身份来看，学生与企业不受《教育法》相关规定的影响。另外，《职业教育法》第二十二条指出，"联合举办职业学校、职业培训机构，举办者应当签订联合办学合同。政府主管部门、行业组织、企业、事业组织委托学校、职业培训机构实施职业教育的，应当签订委托合同"。也就是学校和企业形成委托关系，学校委托企业承担部分的教育义务，而学徒与企业之间没有形成法律上教育与受教育的法律关系。

从员工的身份来看，教育部的《意见》中值得一提的是"双合同"，也就是学徒制中的学生与两个主体确定法律合同的关系。这样在法律关系确定之后，学徒能够成为企业的正式员工，但《劳动法》是否可以对其进行相关的调整，学生和企业是否属于劳动关系，答案是值得商榷的。

（2）法律和教育领域的三个不同观点

第一种观点，学生和企业双方不存在法律上的劳动关系。其中能够作为参考因素的有两个理由：①原劳动部出台过一份文件《关于贯彻执行〈中华人民共和国劳动法〉若干问题的意见》（以下简称《劳动法意见》），其中第十二条规定，"在校生利用业余时间勤工助学，不视为就业，未建立劳动关系，可以不签订劳动合同"。虽然在教育部提出的《意见》中有要求对相关合同的签订，但由于其只是规范性文件，因此还需以《劳动法意见》第十二条规定为准。②双合同仅构成学校与企业委托与被委托这一个法律关系，应以学校与企业的合同关系为前提，企业和学徒才有签订合同的可能，而与学徒的合同只是前者内容的细化和丰富。因此，学徒只是换了空间和场地去学习而已，企业也只是提供了实践平台，属于一种辅助教学，双方并不存在法律上的劳动关系。

第二种观点，学生和用人单位之间是劳动关系。这种观点认为《劳动法意见》第十二条规定中，排除的是在上课以外时间勤工俭学的情况，并没有对在校生的劳动主体资格进行相关的排除，在高职院校中，学徒大多是劳动合同法律关系的适格主体，这样判定的依据是学生是拥有完全民事行为能力的个体，在双方自愿、公平的情况下签订的劳动合同成立并有效，双方可以建立劳动合同关系。退一步讲，劳动关系在双方没有签订劳动合同时也可能生效，即事实劳动关系。21世纪初，原劳动和社会保障部发表了《关于确立劳动关系有关事项的通知》，对劳动关系的确立有了明确的规定，具体来讲有以下三个条件：①企业采用支付薪酬的方式安排劳动者工作；②企业及学徒之间的关系适用于《劳动法》所规定的主体概念；③该劳动是用人单位业务的组成部分。这三个条件都符合即成立"事实劳动关系"。

第三种观点，学徒与用人单位之间属于一种特殊的劳动关系。持这种观点的专家学者认为前面两种观点失之偏颇。首先，在司法实践中大量的在校生劳动关系争议裁判案例都可以说明法院是支持在校生与企业缔结劳动关系的，所以第一个观点不能成立。其次，学徒从技术能力、工作时间、劳动强度上看明显不符合企业的用工要求，在这个过程中学徒还是以学习技术能力为主，如果学徒享受正式职工的权利，企业履行完整的义务，那么对企业是不公平的，将会严重打击企业参与的积极性，不利于学徒制的推广。针对这两种观点，同时兼顾双方的利益，有学者提出了"特殊劳动关系"（也叫作"准劳动关系"）的观点。这一观点认为，事实劳动关系和教育管理应存在于学徒和企业之间，两者间应具有两种属性，基于此可将学徒认定为企业的准劳动者或特殊劳动者，具有特殊劳动者的法律地位。

二、有关于学徒权益保障的法律滞后

当前，国家为了推行现代学徒制，从 2014 年起先后颁布了一系列规范性文件，如 2014 年 6 月发布的《国务院关于加快发展现代职业教育的决定》、2014 年 8 月发布的《教育部关于开展现代学徒制试点工作的意见》、2015 年 1 月《现代学徒制试点工作实施方案》和 2019 年 5 月发布的《教育部办公厅关于全面推进现代学徒制工作的通知》等。这些规范性文件的出台：一方面，体现了国家深化产教融合、校企合作、全面推广双主体育人的中国特色现代学徒制的决心，对各个职业院校全面落实和推进现代学徒制的发展、革新做出了明确的计划和详细的安排部署；另一方面，也对学徒制的发展起到了非常好的指导及促进作用，是目前地方政府、学校、企业践行学徒制的规范性依据和强大的保障。但是，这些都仅停留在部委文件和地方规范性文件层面，只能建议和倡导，无法强制规定签订劳动合同来确保学徒劳动者的法律地位，不能保证学生的合法权益。例如，企业与学生不签订劳动合同而签订培训合同时，《意见》中对这种情况没有强制性规定，也就是学徒不能凭着这份文件要求企业必须与其签订劳动合同，因此企业不签订劳动合同这个行为不需要承担法律后果。虽然《职业学校校企合作促进办法》的出台解决了一部分当前的法律规定空白所带来的问题，但是法律位阶较低，执行强度不够。各个地方虽然也对校企合作相关事项做了更为详细的规定，但地方规范文件的适用范围有限，不一定适合在全国推广。

到目前为止，我国对职业教育的相关法律有《教育法》《中华人民共和国高等教育法》和1996年颁布的《职业教育法》等。其中，《职业教育法》颁布实施已超过20年，关于工学结合和校企合作的内容早已经落后于现实的发展，不能符合实践教学的要求，无法满足市场需求。第一，权利义务的规定笼统空泛。通篇没有提及各方主体的具体权利义务，也没有进一步出台其他补充规则来规定有哪些具体的权利义务。第二，可操作性差。在《职业教育法》中一共出现4次"适当"和7次"鼓励"等字眼，太多需要主观判断的词语，由此增加了企业或者学校在实际执行过程中的自由度，因过于空泛而降低了其可操作性。第三，缺乏惩罚性。《职业教育法》中缺乏惩罚性条款，如没有规定在校企合作中如果学校未按照法律规定履行职责，那么其应当承担的法律后果；在政府的责任方面，除了说明在挪用经费上的处罚事项，对于违反的具体后果和具体实施细节均未说明；在企业方面，虽提出了企业应该积极承担相关法律后果，但并没有制定详细的处罚收费比例，惩罚性不强。《职业教育法》的这些缺陷，对校企合作参与者行为的强制性不足，加大了学徒制的执行难度，对企业和学校的责任规范不明确，也会导致不良现象的发生。

在我国，像《中华人民共和国劳动合同法》（以下简称《劳动合同法》）、《中华人民共和国社会保险法》和《中华人民共和国工伤保险条例》等法律规定也是从不同角度来调整劳动关系的。这些法律也构成了劳动法体系，对法律关系及劳动争议解决做出了规定，不过却没有准确说明学徒的身份，也没有对在校生作为用工者的身份做出相关规定。可以说，学徒的法律地位和权利义务关系在我国法律规定上尚属空白。在法制社会，个人的权利义务如果没有相应法律予以规范和约束，就难以避免侵权行为的发生。在现代学徒制的实施中，如果不能明确界定学徒和企业的用工关系，一旦发生学生被企业视作廉价劳动力情况，法律的救济和保障功能就会遇到阻碍，甚至无能为力，这样就不能更好地实现人才的开发。如在发生劳动纠纷时，法官做出判决的依据一般是学生在劳动法律中的法律地位，这就很可能使判决结果偏离学生意愿，从《劳动合同法》的角度看，这利于保障学生的权利，但单从《中华人民共和国侵权责任法》来看就不然了，因为学生很难举证证明自己的权益受到了侵害。

综上所述，为了让处于准劳动关系中的学生与学校的利益得到更好的保障，以及激发企业在培养人才方面的积极性，我们需要注重法律对学生的保护作用，促进相关法律制度的完善。

我国在对这一制度进行推动的过程中，可以收集其他国家优秀的实践经验，从中找到有利于我国现代学徒制发展的方案，取其精华，为我所用。同时，在真正落实的过程中，要加强同社会保险、教育、劳动保障等诸多领域的联系，从这些领域中获得相应的法律扶持。从进程来看，我们目前的发展只是刚刚跑出起跑线，在现代学徒制领域的法律文献储备和建设仍不够健全和完善，法律的漏洞不利于学徒权益的保护，企业和学校在执行过程中也无法可依，让学徒制在我国的推进及发展受到制约。

三、相关协议对学徒权益保障不到位

教育部发布的《意见》中强调了学徒制必须签订双合同，学校和企业签订联合办学合同，企业与学生签订合同，但没有规定必须签订劳动合同。据了解，目前只有广东省及个别省份在学徒制的推广过程中要求企业与学徒签订劳动合同，大多数地方的学徒只是签订三方培养协议，也叫作"三方框架协议"。三方协议和劳动合同在内容上有一定的相似性，但在对学徒劳动权益的保障力度方面却有很大区别。另外，即使严格按照要求签订了劳动合同，学徒的权益保障还是存在着漏洞。

三方协议的性质按专家主流观点应该属于民事合同，并不是劳动合同，两者在法律的主体、客体，合同的内容和受什么法律的调整等方面都有很大的区别。作为一种书面协议，劳动合同是一种在企业与学生之间建立的联系、搭建的桥梁，以使双方的劳动关系得到法律的承认。规定劳动合同的订立、变更都必须按照法律规定的基本原则来进行。三方协议在合同内容上与劳动合同有很多相同的地方，主要相似之处表现在两个方面：①都是为了明确劳动者和用人单位各自的权利义务；②依法签订后都具有法律效力，双方都必须严格遵守协议的约定，一旦发生权利义务纠纷，用协议内容来解决纠纷。

但其与劳动合同的最大不同点在于：①主体上，三方协议所涉及的法律主体有三方，三方只要缺少一方，合同就不成立，而劳动合同只要双方法律主体合意即可。②内容上，劳动合同中的内容更加详细，而且权利义务的规定更明确，三方协议只是简单地约定工作内容，对更详细的权利义务没有加以约定。③客体上，劳动合同只有劳动行为这一个客体，而三方协议的客体除了劳动行为，还有教学方面的内容。④最大的区别在于受哪个法律调整，劳动合同受我国劳动法规调整，而三方协议受民法调整，现行争议解决只有一个渠道，即向人民法院起诉。诉讼是最终的解决途径，但也存在不足之处，如：周期长，一审、二审可能要用一两年的时间；成本高，民事诉讼须按争议标的额缴纳诉讼费用；民事诉讼要求谁主张谁举证，不利于保护处于弱势一方的权益。从两者之间的区别明显看出三方协议不属于劳动合同，而劳动合同对学徒的劳动权益保护力度更有力。

四、纠纷解决途径不明确

现代学徒制中，三个主体都是这一制度中的重要部分，其合法权益保护已成为学徒制人才培养的难点和重点。由于法律没有明确规定学徒制三方主体的法律关系，学徒的法律地位无法明确，而且政策文件指导没有强制性，全国各地学徒和企业签订的合同性质不同，学徒如果在这个过程中与企业发生纠纷将没有一个明确的解决纠纷的途径。

法律专家普遍认为三方协议的性质属于民事合同，因此协议纠纷的双方要想使自身权益得到维护就只能进行民事诉讼，但是诉讼的费用成本高、时间长、程序复杂，学生无论从经济成本还是时间成本上都承受不起，通常也只能忍气吞声。签订了劳动合同就是从法律上对这种劳动关系进行了确定，同时学生的法律地位也得以明确，减少了纠纷，明确了劳动权利受损可以通过"协商—调解—仲裁—诉讼"的维权途径来解决。劳动合同关系的建立能够使得学生与用人单位之间有一定劳动关系，因此能够得到法律的保护，但学生在企业中的教育培养权利受损的维权途径依然是不明确的，因为《劳动合同法》不调整教学关系，所以如果学生对企业的培训内容、导师质量提出异议，只能通过学校方进行沟通调节，没有明确的法律维权渠道可以寻求帮助。

现代学徒制下的学生是双重身份，即学生和员工，在利用企业提供的机会学习时也要参加工作和承担必要的责任和义务，由学校和企业进行双重管理。我国现阶段依旧缺乏相应的法规条文保护学生的权益，学生维权还有很长的路要走。

另外，学生在企业实习期间学校管理缺位。当前我国在推行学徒制的过程中建议采用的是"3+2"模式，就是学生三天在校学习、两天在企业实操的模式，但很多学校在操作上有困难，所以一般采用"2+1"模式。具体而言，在三年的教学实习培养期间，学生先在学校完成两到两年半的学习任务，再到企业完成半年或一年的实践锻炼和实习。企业主张学生仍属于在校生，在人事关系上并没有离开学校，企业仅是基于与学校的合同关系，组织有经验的师傅为学生提供辅助性的实习培训和指导，对于日常的学习和工作并不负责。但是，大部分的职业学校都将学校的学生看作企业的预备员工，这是因为学校与企业合作，学生工作和学习场所转移到企业，学生的日常管理工作应当由企业负责。正是这种互相推诿责任情况的存在，导致学生的各项日常学习和工作中无法得到任何一方的有效安排和救济，陷入"两不管"的尴尬境地。同时，企业为了完成生产任务，忽略学徒的身心健康与安全，忽略学徒的学习目的，使学徒的合法权益经常受到侵犯。

近年来，国家为了满足社会对人才的需求，提高人才的综合质量，大力推进现代学徒制发展，学校的热情高涨。但是对于企业等社会参与机构而言，现代学徒制会增加其资金及人力的成本，企业参与的积极性不高。学校为了完成任务，在筛选企业时可能会放宽标准，在管理上通常也存在消极不作为的情况。同时，学校也缺乏教师到企业管理大批学生的经验，以及很多学校也不可能制定完善的管理规则和紧急的预案等文件。学校在企业管理的缺位，也是学生权益受到侵犯的主要原因之一。

第三节　多维度构建学徒权益保障体系

一、国外学徒制中学徒权益保护的分析与借鉴

（一）德国双元制职业教育

在德国，前任总理赫尔穆特·科尔一再地称赞"双元制"教育方式，称其是极为优秀的，堪称国内"秘密武器"。德国直接从废墟中崛起，一跃成为世界第三经济强国，与成功的职业教育密不可分。双元制职业教育后来更被认为是德国在2008年世界经济危机中经济屹立不倒的有力保障之一，是保持世界强国地位的重要手段。有人认为，德国的核心竞争力是"实体经济+职业教育"，制造业的核心竞争力是人才，人才的素质与产品质量有着直接的关系，高素质人才制造出高质量产品。

德国双元制职业教育的"双元"分别是指学校和企业，最大特点在于双教学主体的最终目标是一致的，但整个教学过程是完全独立进行的。从教学主体、教学内容、教材选择、教师资格、教学评价、证书、经费来源、法律约束都是彼此独立的，最大限度地利用各自的条件和优势，使学生在教育的过程中不仅获得职业资格，还获得职业教育证书，顺利完成校企间的过渡，两个培训主体的结合缩短了学校育人目标和企业用人标准之间的差距。在德国工业4.0发展期间，这一教育方式为工业发展提供了很大的帮助。

德国双元制成功的原因在于坚持通过法律对教育管理、监督、组织实施进行调整，坚持依法治教，颁布了许多职教法规，形成一套内容丰富、互相衔接、便于操作的法律体系，使得职业教育获得了较快的成长。在1969

年德国颁布了《职业教育法》，经过多次修订后，于2019年12月颁布的《职业教育法》确立了职业教育的目的，规范了职业教育概念，它的内容非常丰富，如：①职业教育的主体明确，受教育者是学生，提供教育的是学校和企业；②明白行会组织的重要性，不同领域的行会组织主管本行业的职业教育，包括监督管理；③主体的权责清晰，大篇幅详细罗列各主体的权利和义务；④对企业的资质和师傅的从业资格也有了具体的要求和规定；⑤对课程的设计开发、教学的管理监督、考试和考证都做了规定；⑥明确提出最低报酬限额制度，如2020年新入学学徒的报酬最低额度为515欧元并且按年递增，最低报酬限额每年动态调整。

除了德国《职业教育法》，规范德国职业教育的法律还有三个，即《联邦职业教育法》《联邦职业教育促进法》和《手工业条例》。此外，《青年劳动保护法》《企业基本法》和《实训教师资格条例》，以及各州的职业教育法和学校法等，都对基本法做了有益的和必要的补充。这些法律法规形成一个庞大的法律体系，规范和约束着具体的职业教育行为。

从德国的职业教育发展史中，我们不难发现，德国职业教育的法制建设有许多值得借鉴之处，例如：①在职业教育相关的法律保护上，德国做得非常好，对我国来说具有一定的借鉴意义，其不仅衔接紧密，而且覆盖面广泛。职业教育拥有健全的法律体系，使德国的职业教育能够实现发展。企业和学校相互独立，法律直接规定了学生、学徒两个身份的法律地位，不仅明确企业的权利义务、学徒的法律地位，还规定了学徒培训组织程序等内容。一旦发生权利义务纠纷，解决纠纷的途径也是明确的。②德国的职业教育拥有一套完备的实施监督系统，包括立法监督、行政监督、司法监督及社会监督，这一套完整的体系为德国职业教育持续健康发展提供了重要保障。③法制建设是一个不断发展与完善的过程，相关的法律法规需要根据时代的发展进行适当的补充与修订。为了使职业教育法律法规能够不断适应发展的时代和现实背景，德国非常重视对教育法规的修订，以满足职业教育的发展要求。2005年和2019年两次全面修订德国《职业教育法》，通过修订法律增强了德国双元制职业教育对学徒权益的保障，缓解了学徒报酬所带来的矛盾和主体间的利益冲突，有利于促进劳资间的合作关系，进一步让德国的职业教育发展环境得到提升。这对德国的经济发展及社会进步都有着积极影响。

（二）英国现代学徒制和《学徒制、技能、儿童与学习法案》

英国是最资深的工业国家之一，英国对现代学徒制的探索是非常早的，从20世纪就已经开始了，于1993年在全国推行，到21世纪初，由于英国生产力的进步，再加上全球化的影响，英国政府出台一系列的法规和文件来完善学徒制改革，将学徒的人数不断增加、质量不断提高。在英国的现代学徒制中，主要把学徒分成三大等级，分别是高等、高级和中级。英国采用的目标导向管理策略是以学徒最终目标（应获得的证书）为导向来安排学徒的学习内容，并且对不同内容的学习方式也是不同的。各行业的技能委员会是学徒制的开发主体，内容是研究该行业的学徒需要获得哪些证书。英国学徒的模式从面试录用到最后的考取证书中间还需要进行两个过程，分别是相关培训合同的签订和校企交替进行培训。

1994年之后，英国为了推动教育与岗位的衔接推出了现代学徒制，这一制度在当时是一个新制度，这也导致了诸多方面的发展都不够成熟与完善。那段时期学徒制在英国的发展，虽然学徒数量增长了，但是没有明显的增速，这种学徒制并不受年轻人的欢迎。2009年2月，英国通过并公布《学徒制、技能、儿童与学习法案》（以下简称《法案》），完善了其中的法律规范，使得这一制度更具有可行性，能够保障学徒的利益。不仅如此，对于体系结构等细节都做出了具体的规范。《法案》对16岁以上青年的教育和培训进行了较大的改革，突出了地方教育局对学徒制的职责，设立了"青年学习署"来协调和统一地方教育局的培训计划、框架和要求，管理培训基金，并进行相关策略和数据分析。

然而，该《法案》在英国推行过程中也暴露了不足的地方，具体表现如下：

首先，《法案》忽视了学徒的需求，而更多关注的是政府及相关管理机构的内部关系，没有建立起有效的利益相关者参与机制。它被批评是一种自上而下的方法，代表的是雇主主导、市场本位的解决模式，其中最为严重的问题是工会和继续教育机构的边缘化，以及对学员需求的忽视。例如，《法案》规定员工若要申请离职培训，则必须明确学习的内容与工作具有相关性。若是员工离职培训与企业生产无关，或对企业产生不利影响，或无法找到顶替员工，或员工工作效率不高，等等，都可以作为企业拒绝员工参加离职培训的原因。这些拒绝理由显然是以企业的利益为出发点的。

其次，学徒制框架的内涵和内容并没有得到深化。《法案》中关于学徒制培训的内容、具体方式和师傅的资质等方面没有做出明确的限定，仅看重最终的培训成果。因此，对于师傅的资质没有明确的标准，也没有准入资质的要求。"教育"成分的缺失使其广受诟病。

最后，在英国的学徒制框架中，知识本位、能力本位和可迁移的能力这三个要素是每一个学徒制培训内容必须具备的。但有些学者认为，英国的学徒制更多关注的是实用主义的功能性技能，迎合的是雇主个别的、短期的技能需求，将重心放在企业的需求上，而非学生的需求上，这对于学生的个人成长来说是极其不利的。为了使这一制度得到推行，政府为企业提供了动力因素，把学徒培训的内容和评价上的决定权让渡给企业主，企业主可以自主决定培训的内容、时间和额外的培训等。但忽视了一个重要的事实，就是企业主和员工之间存在着利益上的对立关系，企业主关注的是自己的利益，不会关注学徒的发展，这样不利于学徒权益的保护，最终也将使学徒制的吸引力进一步受损。

当时英国处于深化职业教育改革，大力发展学徒制的重要时期，该《法案》虽然还有很多需要完善的地方，但是它的出台，对学徒制的法制化及英国教育形式的多样性发展，仍然起到了不可忽视的积极作用。对于我国来说也是如此，为了有效地利用人才，促进我国职业教育发展、成果深化，职业教育立法的修订工作也已提上政府的议程。英国《法案》的经验和教训，值得我国职业教育立法借鉴。我们需要用法律保护学徒的权益，通过改善法律体系来避免推行过程中法律关系争议所产生的纠纷，在管理上政府设立专门的管理机构进行监督管理，避免以行业、企业为主导的学徒制向行业、企业倾斜，应科学地平衡学校、企业、学徒之间的利益，保证学徒的权益不受侵害。

（三）澳大利亚新学徒制的学徒合同备案模式

在 20 世纪末，澳大利亚就采用了一种独特的学徒制。在澳大利亚的学徒制中，学生既可以获得资格证书，也可以获得职业教育学历文凭，这一文凭包含多达五百个职业，学徒可以深入到各个行业中。澳大利亚政府一直致力于对包括学徒制教育在内的职业教育的改革与发展，经过长期探索与实践，使职业教育与培训形成相对完善的法律支撑体系，在世界范围内都算是一个成功的案例。

澳大利亚新学徒制的法律法规体系历史悠久、针对性强、覆盖面广。1894 年澳大利亚自首部学徒法案——《1894 年新南威尔士学徒法案》颁布后，便进入了不断完善学徒制法律法规的新阶段。在法律保障方面，由于澳大利亚是一个联邦制国家，拥有《国家职业教育与培训管理法》等国家法律，各个州和领地在国家法律基础上再制定本州和领地更为具体详细的法律来规范学徒制。各州和领地关于学徒制的法律在形式和具体规定上可能有所不同，但都有保证学徒权益的内容，如脱岗培训的要求、雇主的相关义务、相关罚金规定、争议处理、培训就业的条件。《实现澳大利亚劳动力技能化法案》于 2005 年开始实施，这标志着澳大利亚新学徒制改革的开始。该法案在学徒权益维护方面也有了明显的进步：首先是要求雇主必须履行义务与谨守学徒制协议，为学徒提供安全、平等的工作场景；其次是严控培训质量，支持结构化培训，如知识与技能结合，选择培训机构，雇用专家指导与监督，保证培训记录完整等方面；最后是明晰学徒的权益划分，学徒有发言权、知情权、帮助与支持权等权利，学徒要遵守工作及培训规定、爱惜公共财物、尊重师傅、履行培训职责、遵守合同规定、认真参与培训及考核。澳大利亚《公平就业法》规定学徒最低工资由国家现代行业裁决，不仅保障了学徒的工资收益，还强化了学徒培训合同管理，学徒培训合同必须经过州和领地政府的审查后学徒才能开始接受培训，毕业之后能够领取到国家批准的结业证书。

另外，为了使学生的学习效率能得到保证、充分利用社会优势资源，澳大利亚还为学徒制引入了竞争性机制，除学校外，允许获得批准的社会机构、企业也可以得到经费支持加入学徒制，打破了培养机构的垄断性，有利于保障培养质量。而且澳大利亚学徒制还有用户中心服务体系的服务，用户指的是企业与学徒。在培训机构的选择中，学徒可以用自己的投票选择权进行选择，这既能促使相关培训机构的优胜劣汰，也使服务水平和教学质量得到了极大的提高。

从培训内容来看，澳大利亚比英国规定得更加细致，更加具体和翔实，而且培训的标准也更统一。澳大利亚培训包是国家的统一标准，同时每个项目的培训包从开始开发到实际应用均要求相关行业参与指导。另外，为了维持稳定的培训质量，根据实际情况的变化，培训包还会持续更新。

（四）对于我国完善学徒制和维护学徒权益的借鉴意义

全世界多个国家都在不断探索和发展这种学徒制，以培养适应不同行业的人才，有的国家经过长时间的摸索，从原始的学徒制蜕变成十分完善和成熟的现代学徒制，有的国家在践行学徒制中已经取得了优秀成绩，积累了丰富经验。我国可以参考这些成功案例，学习其中的先进经验，去其糟粕、取其精华，将适合我国实践的积极因素作为发展我国学徒制的参考。从上面三个国家的成功经验来看，要维护学徒权益必须建立完善的法律法规，从国家法律层面来确定学徒制，要明确学徒制中三个主体之间的法律关系，起到正本清源的作用。

1.加快职业教育立法，完善我国职业教育法律体系

维护学徒的权益光靠一两个规范文件是没办法完成的，必须有完善的法律体系支撑。由于我国在职业教育法规体系上还有很多不完善的地方，法制建设的滞后在一定程度上制约了职业教育的健康发展。因此，我们一定要重视法律在其中的作用，将法律运用到职业教育的发展中来，规范这一体系，再加上中国的经济结构变化、产业结构升级、技术变革等原因，促使职业教育随之发展，所以对于职业教育法律法规进行整合、修正迫在眉睫。其他相关的行政法规有《教师资格条例》《中华人民共和国就业促进法》等，这些

法律法规总体比较零散，没有组建成一个高效的、高质量的法律体系，用以保障职业教育的发展。因此，为了维护学徒的权益并使其最大化，必须完善学徒制度。

为了促进我国职业教育发展和为学徒制提供法律保障，《职业教育法》需要进一步修订与完善，我们可以借鉴德国的《职业教育法》。德国在2019年最新一次修订《职业教育法》，采用了"包裹立法"形式对德国职业教育法及其他相关法律进行全面系统的修订，在法律体系层面上减少了法律规定之间的相互不协调，甚至相互冲突带来的障碍，实现相关法律法规之间的相互统一和相互协调。

2.坚持以学徒为本，维护学徒权益

在学生权益保护方面，德国的双元制教育开展过程始终坚持以教学质量优先，在学徒的利益为重的同时平衡各方利益，在保证教学质量的前提下明确提出最低报酬限额制度并且每年能够动态调整，使得学生参与的积极性提高，总体学生数量逐年上涨。在我国，2016年教育部印发了《职业学校学生实习管理规定》，目的是规范职业学校学生实习工作，使得学徒制三方主体的权益都能够得到保障。该规定指出，"职业学校应当选择合法经营、管理规范、实习设备完备、符合安全生产法律法规要求的实习单位安排学生实习"。但是规定没有给出具体的标准，即企业准入门槛没有统一的标准，实操教学质量参差不齐。虽然其中有禁止安排实习生上夜班或者高风险岗位等禁止性规定，但这些禁止性规定在执行中存在两个问题：一是没有明确违反禁止性规定的具体后果，法律刚性不足；二是这些禁止规定与《劳动法》的规定是有冲突的，用人单位与学徒之间的地位划分不清晰，在其他鼓励政策没有出台之前，企业很难执行到位，学生的权益依旧无法得到保障。

二、多维度构建学徒权益保障

通过前面章节的分析，我们知道学徒制在我国还处于起步阶段，同时由于学徒制本身具有双教育主体、双重身份等特点，令学徒制法律关系复杂，

第四章 现代学徒制的学徒权益保护研究

学徒法律地位不明确,加之法律法规滞后和救济途径不明确等原因,学徒的合法权益容易受到侵害且很难得到救济。通过对比分析国外学徒制对学徒权益保护措施的成功经验,从不同角度的分析我们提出了多维度构建学徒权益保护体系的思路。

(一)保障学徒权益的法律建议

现代学徒制人才培养制度具有三个特点:跨教育、跨行业和跨人力资源管理。除了需要从国家层面对制度进行合理的设计,同时还需要有完善的法律法规作为保障。但迄今为止,我国现代学徒制的法律法规屈指可数,学徒制的践行和开展主要是依据一些部门文件和规范性文件。这些文件规定了要明确学生双身份,订立双合同,要明确学徒地位,对我国学徒制的发展起到良好的推进作用。在一定程度上,高校及企业的行为也都是由该规范文件约束和规范的。但是,这些文件属于国家部委和地方规范性文件层面,一旦发生纠纷,不能像法律一样有强制性。

1. 学徒制立法建议

(1)修改《中华人民共和国职业教育法》

增加现代学徒制内容,明确学校、企业、学徒的权利义务,提高法律可操作性。职业教育发展必须建立在有较完善的法律法规的基础上,只有健全法律法规才能保障职业教育的健康发展。1996年颁布的《职业教育法》是调整职业教育的主要法律,该法案颁布初期对于大力推进职业教育的发展有着不可磨灭的作用,但随着我国社会经济的发展,实际案例的新情况逐渐变多,原有的法律条文不能解决实际问题的情况也不断地呈现出来。最终,这一法律并没有发挥真正的作用,不能为学徒、学校和企业等参与者的利益提供保障。在法案中没有做细则规定,没有强制性规定,也没有鼓励性办法,企业与学徒双方签订合同时也没有具体的法律可依据,没有对学徒制和学徒的概念及性质做界定和规范解释,同时也没有在现代学徒制方面做出具体的立法。因此,我国应该顺应社会发展,不断对相关法律进行修订与完善,出台相关政策以立法保障的角度促进现代学徒制试点工作的良好运行。

首先，增加关于现代学徒制的规定。学徒制的发展在国内外都是职业教育发展的主流趋势，但在国内全面推广学徒制试点的同时却找不到法律上的支持。所以必须填补《职业教育法》中关于学徒制的空白，让学校和企业在实践中有法可依，同时也降低学徒在企业中面临的法律风险。

其次，明确学校、企业、学徒在《职业教育法》中的法律地位，增加规定三方主体有关权利义务的条款。学校与学生之间的权利和义务关系由法律规定。但在实际执行上，学校要保障学徒的权利义务的难度巨大，企业不隶属于学校，教学场所、教学主体、教学师傅、教学内容都不受学校的直接控制，学徒在企业中的权利义务取决于学校跟企业签订的合同。所以对校企合作的具体形式、具体内容，以及承担的法律责任都应该进行严格的规范。例如：明确企业师傅的师资条件、制定的课程标准和工资标准等，明确学徒与企业之间的权利和义务，增加法律的可操作性，当发现纠纷时可以得到有效的解决，学徒和企业双方都可以切实保护自身权益。

再次，增加惩罚性条款。应当明确不履行或不恰当履行校企合作合同的法律责任；明确企业的义务和违反义务应该承担的法律后果，制定详细的处罚细则。

最后，加强职业教育法的体系建设。这一步也是必不可少的。作为职业教育基本法要从宏观上指导职业教育的发展方向，制定相应的法规制度使三者权利义务得到明确。各地方还可以结合地方职业教育特色出台具体的学徒制法规规章。

通过修改《职业教育法》，明确规定三者相关的权利义务，使法律得到完善，实操性得到提高，只有这样才可以维护学生的合法权益。

（2）修改《中华人民共和国劳动法》

明确学徒的劳动者身份。现代学徒制在推行和实践过程中阻碍最大、争议最大的一点就是：学徒与企业的法律关系是不是劳动法律关系，学徒是不是正式员工。在学徒试点的调查反馈中，确实存在企业强迫加班或者克扣学徒工资等侵犯学徒合法权益的情况，学徒处于弱势地位不敢维权或者维权成本过高。在司法实践中也会因为劳动法律关系模糊，无法用《劳动法》来调整，学徒举证困难，侵权责任难以确认，导致学徒维权难度增加。为了解决这个争议，保护学徒权益，很多专家认为要修改《劳动法》，建立用人单位与学徒之间是法定劳动关系，明确学徒法律地位。《劳动法》给学徒提供相应的法律保护和权益保护，既明确劳动纠纷的维权途径，同时也大大降低维权成本。

直接把学徒确定为正式员工的做法虽然可以保护学徒的劳动权益，但是对于企业的运行来说确实会增加相关成本，使企业参与的积极性下降，而学徒制的发展也将被限制，进而损害了学徒的利益。为了平衡双方的利益，可以修改《劳动法》，增加相关独立的条款，企业和学徒之间的关系重新定位为"准劳动关系"，学徒为"准劳动者"，具体的权利义务参照正式的劳动关系的规定，但要有一定的变通。例如，建立准劳动关系的学徒试用期可以免除，对解除劳动合同的情况也可以做出向学徒倾斜的变通规定。由于现代学徒制独特的地位，建立的准劳动关系和正式劳动关系不能等同，学徒在企业实际操作的工作时间和在学校的学习时间互相穿插，三天在学校学习，两天在企业工作，对学徒休息时间和学习时间的规定进行适当的调整，使学徒知识和工作经验双丰收。同时，学徒年龄偏小、工作经验少，如果一刀切直接将其等同于正式员工，那么企业的权益也会受到损害。因此，通过修改《劳动法》合理地把两者的法律关系调整为"准劳动关系"，既解决了争议，维护了应有的权利，也能平衡各方利益，激发企业的积极性，更能保护学徒的长远利益。

（3）建议现代学徒制单独立法

现代学徒制单独立法，进一步细化具体操作规定。学徒和企业必须签订合同，这是国家在开展现代学徒制的明文规定。学徒的双身份特点决定了在所涉及的合同关系中，既有民事法律关系的内容（教育培训），也有劳动法律关系的内容（工作权利义务），而这个"特别的"合同关系由民事法律和劳动法律共同调整或单独调整都不是特别合适，所以必须明确它在法律中的关系定位，这种复杂的法律关系由专门法律调整更加合适。在成熟的现代学徒制国家中，已经提出了有针对性的调整，专门立法并对学徒的标准、学徒和企业的协议、企业的资格、不同学徒配套的资格证书等方面都进行了详细的规定，对学徒的劳动权益做了充分的保护，而且学徒的法律地位不会随着学习方式的改变而改变。

学徒权益的保护不仅要有规范文件的保障，还需要相关法律的支撑。通过法律法规对出现的各种法律关系和法律纠纷加以调节，从而在法律层面上为学徒权益的维护和现代学徒制的发展提供强有力的法律支撑，保障其朝着合理化的方向发展。

2. 规范三方协议内容，发挥补充作用

在《教育部关于开展现代学徒制试点工作的意见》中虽然提到要明确双合同，但并没有要求企业和学徒必须签订劳动合同，因此学徒和企业之间签订的三方合同是不违反相关规定的，不仅如此，三方合同的签订还具有积极意义。虽然不是劳动合同，但在法律没有明确学徒法律地位、现代学徒制尚未成熟和在当前的教育框架下，有着不可替代的独特的作用。三方协议的存在对学校、企业和学徒都具有一定的保障作用，同时也能减少企业对签订劳动合同的顾虑，从而增加企业参与现代学徒制的热情。三方协议还可以明确双方教育关系的权利义务，这是劳动合同所做不到的。所以，三方协议目前不应该被禁止，而应该发挥其积极的作用，但是三方协议的内容必须随着现代学徒制的深入发展不断改进。

首先，细化三方协议的具体内容。合同协商的基本原则是"意思自治"原则，但学徒培养的三方协议必须具有公益性而不是以企业利益为出发点。具体内容应在向学徒权利倾斜的同时兼顾其他两方的利益。三方协议可以比照劳动合同法的相关规定，主要包括以下内容：①三方当事人信息；②合同期限；③工作内容、时间、地点、报酬；④劳动保险；⑤劳动保护、劳动条件和职业危害防护。

另外，企业培训部分应包括以下内容：①培训内容、方式、要求；②师傅的资历和水平；③工作环境和学习条件；④考核的标准和方式；⑤违约的后果；⑥纠纷解决途径；⑦学校、企业的具体权利义务。协议除了侧重于学徒的个人权利保障，还应强调学校、企业监管职责的具体划分。要想对学徒的权益进行保护和完善，那么加强学徒合同规范是必不可少的。

其次，协议应平衡学校、企业、学徒三者的权重。在三方协议中，企业、学校和学徒三者权重的平衡是尤为重要的一环，为使包含三方当事人的协议不会因此而失去平衡性，其中最关键的是要明确学校方的权利义务。所谓的三方协议，就是规定了三方当事人在企业实操过程中的权利义务，但在现实中的三方协议中，基本不涉及学校在这过程中的具体管理细节，学校只签名即可。初期这样的三方协议可能是有积极意义的，学校的签名可以打消学徒和家长的顾虑，有利于提高学徒的入学率。随着现代学徒制试点的实践，可以看出在法律中，关于现代学徒制三方权利义务并没有相关的明确规定，没有明确学徒的法律地位，而合同又具有相对性，协议中缺少明确的学校部分的权利义务，对学徒维权是非常不利的，因此三方协议中把学校的权利义务具体化是十分有必要的。

最后，三方协议强制备案制度。由于三方协议并不属于劳动合同，劳动法并不能对其进行调整，即使协议中出现明显与劳动法冲突的条例，也不会无效。例如，当约定的报酬比当地法定最低工资低的时候，并不会因为违反劳动法规定而无效。学徒作为弱势一方，知识储备量不够、社会经验不足，若学校把关不严格，学徒的利益可能因为签订三方协议而受到侵害。所以，在法律条件还不足以出台新的法律法规来明确学徒与企业的法律关系的情况下，可以要求学校方将三方协议资料交给当地劳动保障行政部门进行审核备案，审核备案后才可以开展学徒活动。

3.完善纠纷解决机制

"无救济则无权利"，学徒权益保障不仅在于是否有法律上的规定，还在于受到侵犯后是否有完善的救济途径，而作为我国力推的新兴劳动力培养的重要手段，现代学徒必将成为企业员工的重要来源。基于上述因素，建议成立解决现代学徒制权益纠纷的专门仲裁委员会，因为仲裁是一种便捷、公正、有效解决纠纷的途径，它具有专业性和针对性强的特点，对化解特定纠纷具有优越性。现代学徒制权益纠纷的专门仲裁委员会必须兼顾教育性和劳动性，因而需要考虑以下几个方面的内容。

（1）专门部门

专门仲裁委员会应由劳动行政部门代表、教育行政部门代表及企业代表、学校代表、工会代表和家长代表组成。仲裁员应当由具备法律知识、从事职业教育工作的资深学者，或者具备法律知识、从事人力资源管理或工会工作的专业人士，或者职业法律人员来担任。

（2）仲裁范围

仲裁范围应包括现代学徒制与学校和企业在教育、教学或者教育服务过程中发生的有关教育权利义务的法律纠纷，学徒与培养企业在劳动关系确立、劳动报酬、休息休假、保险等方面的劳动纠纷（此范围建议与《中华人民共和国劳动争议调解仲裁法》的仲裁范围相一致）。

（3）仲裁效力

仲裁的效力建议参考劳动仲裁，即将专门仲裁作为现代学徒制权益纠纷的必经程序，如果当事人对仲裁裁决不服，就可以向人民法院提起诉讼。

（二）建立国家统筹和地方分级管理机制

现阶段我国将重心放在现代学徒制的成长发展上，投入了大量的人力、物力和财力，对学校、企业专项经费补助，以此来推广现代学徒制。但从学生反映来看，教学效果差强人意，现代学徒制还有非常大的提升空间；同时，企业对参与现代学徒制也缺乏热情。造成这种情况的主要原因有：现代学徒制设计不够成熟；法律法规滞后；缺乏企业的激励机制。最终的结果是国家资源浪费、企业缺乏热情、学生利益受损。

首先，我们可以建立国家统筹和地方分级管理制度。对于学徒的教学权益和劳动权益的维护，不仅可以从法律上来完善、合同性质上来完善，还可以从制度的设计上来维护，以减少对学生权益的侵害，那么政府管理制度的完善就显得尤为重要。在这方面，我们可以借鉴德国双元制的多层次政府管理体系。其体系具体包括：第一层次是联邦政府；第二层次是地方和行业；第三层次是企业和学校。而在我国，首先应建立中央直接领导的专职的现代学徒制协调管理工作组，宏观地对职业教育工作进行调整和完善，而省级、市级可参考中央的设置思路进行构建,具体实施由企业和学校共同合作完成。

其次,建立专门机构,全过程参与现代学徒制。在各个环节,行业协会都有咨询、审核、管理、协调、组织等职能,为现代学徒制提供相对完善的条件。例如在瑞士,校企合作重要的沟通任务、培训计划、培训标准及学徒评估都是由行业协会来承担的。从长远来看,随着这一制度的不断完善和进步,产业参与已成为必不可少的一部分。由于国情的不同,我国行业协会已经失去了其推动制度发展的作用,如果想要其积极参与进来,我们就要借鉴国外行业协会的经验找到一条适合中国发展现代学徒制的道路。

(三)提高维护权益法律意识的教育建议

目前中国参与现代学徒制的学生大部分是高中毕业生,不仅年龄较小,而且所掌握的法律知识也较少,他们往往对法律知识的了解处于朴素的对错观,所以学校的法律教育和企业岗前培训尤为重要。首先,学校在基础知识课程中必须开设法律基础课,讲授跟学生密切相关的法律知识,如劳动法、民商法、刑法等知识,使学生在遇到问题时能够积极使用法律手段保护自己,让学生树立一个正确的法律观。其次,岗前培训必须涵盖本岗位的法律知识培训,列举可能发生的各种违法行为,制定相应的预防措施。

每个劳动者都会面对所在岗位的法律风险,学徒也不例外,所以增加对岗位法律知识的储备,可以减少因缺乏法律知识而发生的侵权行为,降低企业的经营风险,有利于保护各方的利益。

参 考 文 献

[1] 孙树志，周建文. 职业通衢：职业技能开发与培训[M]. 北京：中国民主法制出版社，2016.

[2] 许仁忠. 发展与创新：四川长江职业学院第二届现代职业教育思想研讨会论文集[M]. 成都：电子科技大学出版社，2016.

[3] 李璐. 现代职业教育若干问题研究[M]. 北京：中国商业出版社，2016.

[4] 王金兰，陈玉琪. 现代学徒制专业试点实践指导[M]. 广州：广东高等教育出版社，2017.

[5] 李泳敏. 高等职业院校现代学徒制理论与实践探索[M]. 长春：吉林文史出版社，2017.

[6] 李建求. 深圳市职业教育事业发展蓝皮书（2016）[M]. 北京：商务印书馆，2017.

[7] 唐林伟. 技术知识论视域下的职业教育有效教学研究[M]. 杭州：浙江大学出版社，2017.

[8] 李海东. 现代职业教育背景下广东中高职衔接体制构建的理论与实践[M]. 广州：广东高等教育出版社，2018.

[9] 丁惠炯. 新常态视野下现代职业教育治理体系研究[M]. 北京：经济日报出版社，2018.

[10] 张彭良，欧阳丽莹. 种子生产技术[M]. 成都：西南交通大学出版社，2018.

[11] 张德成. 塔型学徒制：西湖职高人才培养模式的探索与实战[M]. 北京：中国劳动社会保障出版社，2018.

[12] 赵光锋. 西方现代学徒制比较研究[M]. 北京：中国水利水电出版社，2018.

[13] 邱云. 现代学徒制理论与实践研究[M]. 哈尔滨：东北林业大学出版社，2018.

[14] 刘彤，陆薇，许志强，等. 新建本科院校应用技术转型的"现代学徒制"路径研究[M]. 成都：西南交通大学出版社，2019.

[15] 赵有生. 职业院校现代学徒制育人模式的改革与实践[M]. 北京：高等教育出版社，2019.

[16] 田钊平. 新时代职业教育现代学徒制应用型人才培养的制度创新研究[M]. 北京：中国商务出版社，2020.

[17] 石伟平. 中国职业教育发展报告（2013—2014）[M]. 上海：华东师范大学出版社，2019.

[18] 辛望旦. 新时代职业教育产教融合的实践探索：现代学徒制在无锡[M]. 北京：中国原子能出版社，2019.

[19] 杨小燕. 现代学徒制：理论与实证[M]. 成都：西南交通大学出版社，2019.

[20] 刘育锋. 英国学徒制治理新体系研究[M]. 北京：北京理工大学出版社，2019.

[21] 苏建青，何世伟，黄志荣，等. 现代学徒制的常熟实践[M]. 南京：江苏凤凰教育出版社，2020.

[22] 郭瑶. 英国现代学徒制本土化研究[M]. 长春：吉林大学出版社，2019.

[23] 刘建林. 高等职业教育现代学徒制探索与实践[M]. 西安：西安电子科技大学出版社，2020.

[24] 丁文利. 职业教育现代学徒制新型师徒关系的研究与实践[M]. 北京：中国纺织出版社有限公司，2020.

[25] 赵玮. 现代学徒制中利益相关者收益分配机制研究[M]. 北京：中国财富出版社有限公司，2020.

[26] 夏宇虹. 中高职衔接立交桥架构下学前教育专业现代学徒制实践研究[M]. 武汉：武汉大学出版社，2020.

[27] 彭宏春，田文芳. 现代学徒制实施与评估[M]. 北京：中国财富出版社有限公司，2020.

[28] 吴新星. 澳大利亚学徒制发展与改革研究[M]. 福州：福建教育出版社，2021.

[29] 门洪亮. 现代学徒制市场营销专业教学标准研制[M]. 广州：华南理工大学出版社，2020.

[30] 韦清权，王建国. 建筑装饰施工技术[M]. 北京：中国水利水电出版社，2020.